Nicolas et les copains

In the same series

Nicolas et les copains

by
GOSCINNY

adapted by
ANN DUBS B.A.
Modern Languages Department
Woodberry Down Comprehensive School

illustrated by SEMPÉ

Longman

Longman Group Limited
London
*Associated companies, branches and representatives
throughout the world*

*First published by Denoël, Paris, 1963
English School Edition © Longman Group Ltd 1972
This edition first published 1972 by Longman Group Ltd
in association with Denoël, Paris*

Third impression 1976

ISBN 0582 36023 4

*Printed in Great Britain by
Western Printing Services Ltd, Bristol*

Table des matières

Foreword

«La bataille commence» a dit Alceste. «En avant! Baoum!»

And so the fray continues fast and furious: between Nicolas and his *copains*, Alceste, Eudes, Geoffroy, Rufus and the others; between the *copains* and those representatives of authority – parents, teachers, school doctors. Goscinny and his indispensable collaborator Sempé have lost none of their old touch.

The text, somewhat simplified from the French original (and the tenses reduced to Present, Perfect, Imperfect, Future and Conditional), is now suitable for pupils in their third year of French.

1 Clotaire a des lunettes

Quand Clotaire est arrivé à l'école, ce matin, nous avons été très étonnés, parce qu'il avait des lunettes sur la figure. Vous vous souviendrez que Clotaire est le dernier de la classe. Il paraît que c'est pour ça qu'on lui a mis des lunettes.

– C'est le docteur, nous a expliqué Clotaire, qui a dit à mes parents que si j'étais dernier, c'était peut-être parce que je ne voyais pas bien en classe. Alors, on m'a emmené dans le magasin à lunettes où le monsieur des lunettes m'a examiné. Il m'a regardé les yeux avec une machine qui ne fait pas mal. Ensuite, il m'a fait lire beaucoup de lettres qui ne voulaient rien dire et puis il m'a donné des lunettes. Maintenant, je ne serai plus dernier!

Moi, ça m'a un peu étonné, parce que si Clotaire ne voit pas en classe, c'est parce qu'il dort souvent. Peut-être que les lunettes l'empêcheront de dormir. Puis c'est vrai que le premier de la classe, qui s'appelle Agnan, est le seul élève qui porte des lunettes. C'est pourquoi on ne peut pas lui taper dessus aussi souvent qu'on le voudrait.

Agnan n'a pas été content de voir que Clotaire portait des lunettes. Agnan, qui est le chouchou de la maîtresse, a toujours peur de perdre sa place de premier de la classe. Quant à nous, nous étions bien contents de penser que Clotaire serait maintenant le premier, parce que nous l'aimons bien.

Clotaire a des lunettes
Clotaire a des lunettes!
taire a des lunettes
Clotaire a des lunettes!
Clotaire a des lunettes
Clotaire a des lunettes!
a lunettes
Clotaire a des lunettes!
le veinard!
Elles sont belles ses lunettes!
Clotaire a des lunettes!

– As-tu vu mes lunettes? a demandé Clotaire à Agnan. Maintenant je vais être le premier en tout et c'est moi que la maîtresse enverra chercher les cartes et c'est moi qui effacerai le tableau! La la lère!

– Non, monsieur! Non, monsieur! a dit Agnan. Le premier, c'est moi! Et puis d'abord, tu n'as pas le droit de venir à l'école avec des lunettes!

– Si, j'ai le droit, tiens! a dit Clotaire. Tu ne seras plus le seul sale chouchou de la classe! La la lère!

– Je vais demander à mon papa de m'acheter des lunettes, a dit Rufus, et je serai premier aussi!

– Nous allons tous demander à nos papas de nous acheter des lunettes, a crié Geoffroy. Nous serons tous premiers et nous serons tous chouchous!

Alors, Agnan s'est mis à crier et à pleurer. Il a dit que c'était une triche, que nous n'avions pas le droit d'être premiers, qu'il se plaindrait, que personne ne l'aimait, qu'il était très malheureux et qu'il allait se tuer. Il faisait tant de bruit qu'un de nos surveillants, qui s'appelle le Bouillon, est arrivé en courant.

– Qu'est-ce qui se passe ici? a crié le Bouillon. Agnan! qu'est-ce que vous avez à pleurer comme ça? Regardez-moi bien dans les yeux et répondez-moi!

– Ils veulent tous mettre des lunettes! lui a dit Agnan en faisant des hoquets.

Le Bouillon a regardé Agnan, il nous a regardés, il s'est frotté la bouche avec la main, et puis il nous a dit:

4

– Regardez-moi tous dans les yeux! Je ne vais pas essayer de comprendre vos histoires: tout ce que je peux vous dire, c'est que si je vous entends encore je ne serai pas content du tout! Agnan, allez boire un verre d'eau sans respirer; les autres, à bon entendeur, salut!

Le Bouillon est parti avec Agnan, qui continuait à faire des hoquets.

– Dis, ai-je demandé à Clotaire, tu vas nous les prêter, tes lunettes, quand on nous interrogera?

– Oui, et pour les compositions! a dit Maixent.

– Pour les compositions, je vais en avoir besoin moi-même, a dit Clotaire, parce que si je ne suis pas le premier, Papa saura que je n'avais pas mes lunettes et ça va faire des histoires parce qu'il m'a dit de ne pas prêter mes affaires; mais pour les interrogations, on s'arrangera.

C'est vraiment un bon copain, Clotaire. Je lui ai demandé de me prêter ses lunettes pour les essayer et vraiment je ne sais pas comment il va faire pour être premier parce qu'avec ses lunettes on voit tout de travers. Quand on se regarde les pieds, ils ont l'air d'être très près de la figure. Puis j'ai passé les lunettes à Geoffroy, qui les a prêtées à Rufus, qui les a mises à Joachim, qui les a données à Maixent, qui les a jetées à Eudes qui nous a fait bien rire en faisant semblant de loucher. Puis Alceste a voulu les prendre, mais Clotaire n'a pas voulu les lui donner.

– Pas toi, a-t-il dit. Tu as les mains pleines de beurre à cause de tes tartines et tu vas salir mes lunettes. Ce n'est pas la peine d'avoir des lunettes si on ne peut pas voir à travers. D'ailleurs, c'est beaucoup de travail de les nettoyer et Papa me privera de télévision si je suis de nouveau dernier parce qu'un imbécile a sali mes lunettes avec ses grosses mains pleines de beurre!

Clotaire a remis ses lunettes, mais Alceste n'était pas content.

– Tu les veux sur la figure, mes grosses mains pleines de

beurre ? a-t-il demandé à Clotaire.

– Tu ne peux pas me taper dessus, a dit Clotaire. J'ai des lunettes. La la lère !

– Eh bien, a dit Alceste, enlève-les, tes lunettes !

– Non, monsieur, a dit Clotaire.

– Ah les premiers de la classe, a dit Alceste, vous êtes tous les mêmes ! Des lâches !

– Je suis un lâche, moi ? a crié Clotaire.

– Oui, monsieur, puisque tu portes des lunettes ! a crié Alceste.

– Eh bien, on va voir qui est un lâche ! a crié Clotaire, en enlevant ses lunettes.

Ils étaient vraiment furieux, tous les deux, mais ils n'ont pas pu se battre parce que le Bouillon est arrivé en courant.

– Quoi encore ? a-t-il demandé.

– Il ne veut pas me prêter ses lunettes ! a crié Alceste.

– Et moi, il veut mettre du beurre sur les miennes ! a crié Clotaire.

Le Bouillon s'est mis les mains sur la figure et son visage s'est allongé. Quand il fait ça, ce n'est pas le moment de faire le clown.

– Regardez-moi bien dans les yeux, vous deux ! a dit le Bouillon. Je ne sais pas ce que vous avez encore inventé, mais je ne veux plus entendre parler de lunettes ! Pour demain, vous me conjuguerez le verbe : «Je ne dois pas dire des absurdités pendant la récréation.» A tous les temps de l'indicatif.

6   Puis il est allé sonner la cloche pour entrer en classe.

Dans la file, Clotaire a dit que quand Alceste aurait les mains sèches, il voudrait bien les lui prêter, les lunettes. C'est vraiment un bon copain, Clotaire.

En classe – c'était géographie – Alceste s'est bien essuyé les mains sur le veston et Clotaire lui a fait passer ses lunettes. Alceste les a mises, mais il n'a pas eu de chance, parce qu'il n'a pas vu la maîtresse qui était juste devant lui.

– Cessez de faire le clown, Alceste! a crié la maîtresse. Et surtout ne louchez pas! S'il vient un courant d'air, vous resterez comme ça! En attendant, sortez!

Comme Alceste est sorti avec les lunettes, il ne voyait pas trop bien et il s'est cogné dans la porte! Puis la maîtresse a appelé Clotaire au tableau.

Mais, bien sûr, sans les lunettes ça n'a pas marché: Clotaire a eu zéro.

Vocabulaire

emmener   *to take*
faire mal à   *to harm*
empêcher de   *to stop, prevent*
taper (fam)   *to hit*
le chouchou   *favourite*
effacer   *to rub out, clean*
la la lère!   *so there!*
la triche   *trick*
se plaindre   *to complain*
le hoquet   *hiccup*
se frotter   *to rub*
à bon entendeur, salut   *if the cap fits, wear it*
la composition   *test*
avoir besoin de   *to need*
s'arranger   *to manage*
de travers   *askew, the wrong way*
faire semblant de   *to pretend*
loucher   *to squint*
la tartine   *slice of bread and butter*
salir   *to make dirty*
à travers   *through*
nettoyer   *to clean*
priver quelqu'un de quelque chose   *to take something away from someone*
de nouveau   *again*
le lâche   *coward*
s'allonger le visage (fam)   *to pull a long face*
le temps   *(here) tense*
s'essuyer   *to wipe*
le veston   *jacket*
le courant d'air   *draught*
se cogner dans   *to knock into*
réussir à   *to succeed in*
la note   *mark*

1   Pourquoi les parents de Clotaire l'ont-ils emmené dans le magasin à lunettes?

2   Comment appelle-t-on le monsieur qui s'occupe des yeux?

3   Selon Nicolas, pourquoi Clotaire était-il toujours le dernier de la classe?

4   Pourquoi les copains ont-ils tous voulu porter des lunettes?

5   Connaissez-vous un remède contre les hoquets? Décrivez-le.

6   Nicolas voyait-il mieux lorsqu'il portait les lunettes de Clotaire?

7   Pourquoi Clotaire ne voulait-il pas prêter ses lunettes à Alceste?

8   Qu'a fait Alceste pour réussir à les porter?

9   Qu'est-il arrivé à Alceste lorsqu'il sortait de la salle?

10   Quelle note Clotaire a-t-il eue?

2 Dimanche à la campagne

Nous sommes invités à passer le dimanche dans la nouvelle maison de campagne de M. Bongrain. Celui-ci travaille dans le bureau de Papa et il paraît qu'il a un petit garçon de mon âge, qui est très gentil et qui s'appelle Corentin.

Moi, j'étais bien content, parce que j'aime beaucoup aller à la campagne. M. Bongrain a téléphoné à Papa et lui a donné tous les détails de l'itinéraire. Il a dit que la maison n'était pas loin de la ville. Il paraît que c'est très facile d'y aller. Papa a écrit toutes les indications sur un morceau de papier. C'est tout droit: on tourne à gauche au premier feu rouge, on passe sous le pont de chemin de fer, ensuite c'est encore tout droit jusqu'au carrefour, où il faut prendre à gauche, et puis encore à gauche jusqu'à une grande ferme blanche. Puis on tourne à droite par une petite route en terre, et là c'est tout droit et à gauche après la station-service.

Nous sommes partis, Papa, Maman et moi, assez tôt le matin dans la voiture. Au début, Papa chantait. Plus tard, il s'est arrêté de chanter à cause de toutes les autres voitures qu'il y avait sur la route. On ne pouvait pas avancer. Puis Papa a raté le feu rouge où il devait tourner, mais il a dit que ce n'était pas grave, qu'il rattraperait son chemin au carrefour suivant. Mais au carrefour suivant, il y avait beaucoup de travaux et on a dû faire un détour. Alors, nous nous sommes perdus. Papa a crié que Maman lisait mal les indications qu'il y avait sur le papier. Puis Papa a demandé son chemin à beaucoup de gens qui ne savaient pas. Enfin, nous sommes arrivés chez M. Bongrain presqu'à l'heure du déjeuner et nous avons cessé de nous disputer.

M. Bongrain est venu nous accueillir à la porte de son jardin.

– Eh bien! nous a-t-il dit, on les voit les citadins! Incapables de se lever de bonne heure, hein?

– L'itinéraire était assez compliqué, lui a expliqué Papa. Alors, M. Bongrain a eu l'air tout etonné.

– Mais comment? a-t-il demandé. C'est tout droit. Puis il nous a fait entrer dans la maison.

Elle est jolie, la maison de M. Bongrain! Pas très grande, mais jolie.

– Attendez, a dit M. Bongrain, je vais appeler ma femme. Il a crié: «Claire! Claire! Nos amis sont là.»

Mme Bongrain est arrivée. Elle avait les yeux tout rouges, elle toussait, elle portait un tablier plein de taches noires et elle nous a dit:

– Je ne vous donne pas la main, je suis noire de charbon. Depuis ce matin, j'essaie de faire marcher cette cuisinière sans y réussir!

M. Bongrain s'est mis à rire.

– Evidemment, a-t-il dit, c'est un peu rustique, mais c'est ça, la vie à la campagne! On ne peut pas avoir une cuisinière électrique, comme dans l'appartement.

– Et pourquoi pas? a demandé Mme Bongrain.

– Parce que ça coûte trop cher. Dans vingt ans on en reparlera, a dit M. Bongrain. Et il s'est mis à rire de nouveau.

Mme Bongrain n'a pas ri et elle est partie en disant:

– Je m'excuse, je dois m'occuper du déjeuner. Je crois qu'il sera très rustique, lui aussi.

– Et Corentin, a demandé Papa, il n'est pas là?

– Mais oui, il est là, a répondu M. Bongrain; mais ce petit idiot est puni dans sa chambre. Tu ne sais pas ce qu'il a fait ce matin en se levant? Il est monté sur un arbre pour cueillir des prunes! Tu te rends compte? Chacun de ces arbres m'a coûté une fortune. Ce n'est tout de même pas pour permettre au gosse de s'amuser à casser les branches, non?

Puis M. Bongrain a dit que puisque j'étais là, il allait lever la punition, parce qu'il était sûr que j'étais un petit garçon sage qui ne s'amuserait pas à endommager le jardin et le potager.

Corentin est venu. Il a dit bonjour à Maman, à Papa et tout le monde s'est donné la main. Il a l'air assez gentil, pas aussi gentil que les copains de l'école, bien sûr, mais il faut dire que les copains de l'école, eux, ils sont formidables.

– On va jouer dans le jardin? ai-je demandé.

Corentin a regardé son papa et son papa a dit:

– J'aimerais mieux pas, les enfants. On va bientôt manger et si vous sortez, vous apporterez de la boue dans la maison. Maman a eu beaucoup de mal à faire le ménage ce matin.

Alors, Corentin et moi, nous nous sommes assis et pendant que les grands prenaient l'apéritif, nous avons regardé un journal. Et on l'a lu plusieurs fois, le journal, parce que Mme Bongrain, qui n'a pas pris l'apéritif avec les autres, était en retard pour le déjeuner. Puis Mme Bongrain est arrivée, elle a enlevé son tablier et elle a dit:

– Tant pis … A table!

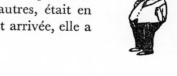

M. Bongrain nous a expliqué qu'il était tout fier du hors-d'œuvre parce que les tomates venaient de son potager. Papa a ri en disant qu'elles étaient encore toutes vertes. M. Bongrain a répondu que peut-être, en effet, elles n'étaient pas encore tout à fait mûres, mais qu'elles avaient un autre goût que celles que l'on trouve sur le marché.

Puis Mme Bongrain a apporté le rôti, qui était tout noir dehors, mais dedans, c'était comme s'il n'était pas cuit du tout.

– Moi, je n'en veux pas, a dit Corentin. Je n'aime pas la viande crue!

M. Bongrain lui a dit de finir ses tomates en vitesse et de manger sa viande comme tout le monde, s'il ne voulait pas être puni.

Ce qui n'était pas trop réussi, c'était les pommes de terre du rôti; elles étaient un peu dures.

Après le déjeuner, tout le monde s'est rassis dans le salon. Corentin a repris le journal et Mme Bongrain a expliqué à Maman qu'elle avait une bonne en ville, mais que la bonne ne voulait pas venir travailler à la campagne, le dimanche. M. Bongrain expliquait à Papa ce que valait la maison. Tout ça ne m'intéressait pas, alors j'ai demandé à Corentin si on ne pouvait pas aller jouer dehors où il faisait du soleil. Corentin a regardé son papa et M. Bongrain a dit:

— Mais, bien sûr, les enfants. Ce que je vous demande, c'est de ne pas jouer sur les pelouses, mais sur les allées. Amusez-vous bien, et soyez sages.

Nous sommes sortis et Corentin m'a dit qu'on allait jouer à la pétanque. J'aime bien la pétanque et je suis formidable pour pointer. On a joué dans l'allée; il y en avait une seule et pas très large. Je dois dire que Corentin se défend très bien.

— Fais attention, m'a dit Corentin. Si une boule va sur la pelouse, on ne pourra pas la ravoir!

Puis Corentin a tiré et sa boule a raté la mienne et elle est allée sur l'herbe. La fenêtre de la maison s'est ouverte tout de suite et M. Bongrain a sorti une tête toute rouge et pas contente:

— Corentin! a-t-il crié. Je t'ai déjà dit plusieurs fois de faire attention et de ne pas endommager cette pelouse! Ça fait des semaines que le jardinier y travaille! Dès que tu es à la campagne, tu deviens insupportable! Allez! dans ta chambre jusqu'à ce soir!

Corentin s'est mis à pleurer et il est parti; alors, je suis rentré dans la maison.

Mais nous ne sommes plus restés très longtemps, parce que Papa a dit qu'il préférait partir de bonne heure pour éviter les embouteillages. M. Bongrain a dit que c'était sage en effet, qu'ils n'allaient pas tarder à rentrer eux-mêmes. Mme Bongrain devait finir le ménage, d'abord.

M. et Mme Bongrain nous ont accompagnés jusqu'à la voiture. Papa et Maman leur ont dit qu'ils n'oublieraient jamais cette journée. Juste quand Papa allait partir, M. Bongrain s'est approché de la portière pour lui parler:

– Pourquoi n'achètes-tu pas une maison de campagne, comme moi? a dit M. Bongrain. Bien sûr, je ne l'ai pas fait pour moi-même; il ne faut pas être égoïste, mon vieux! Pour la femme et le gosse, tu ne peux pas savoir le bien que ça leur fait, cette détente et ce bol d'air, tous les dimanches!

l'itinéraire (m)   *route*
l'indication (f)   *instruction*
le carrefour   *crossroads*
en terre   *(here) unmade*
au début   *in the beginning*
rater   *to miss*
rattraper son chemin   *to get back on the right road*
les travaux (m pl)   *roadworks*
le détour   *diversion*
se disputer   *to argue*
accueillir   *to welcome*
le citadin   *townsman*
tousser   *to cough*
la tache   *spot*
le charbon   *coal*
la cuisinière   *cooking stove*
cueillir   *to pick*
la prune   *plum*
se rendre compte   *to realise*
le gosse (fam)   *kid*
endommager   *to damage*
le potager   *vegetable garden*
faire le ménage   *to do the housework*
prendre l'apéritif   *to have a drink (before a meal)*
tant pis   *so much the worse, too bad*
mûr, -e   *ripe*
le goût   *taste*
le rôti   *joint of roast meat*
cru, -e   *raw*
l'allée (f)   *path*
la pétanque   *game of bowls, as played in the South of France*
pointer   *to aim*
dès que   *as soon as*
éviter   *to avoid*
l'embouteillage (m)   *traffic-jam*

tarder *to delay*
la détente *relaxation*
le bol d'air *breath of fresh air*

Questions

1 Aimez-vous mieux les maisons en ville ou les maisons à la campagne?
2 Pourquoi Nicolas était-il content d'aller à la maison de campagne de M. Bongrain?
3 Que s'est-il passé en route?
4 Comment était Mme Bongrain lorsque Nicolas et ses parents sont arrivés chez elle?
5 Pourquoi Corentin était-il dans sa chambre?
6 Comment Nicolas et Corentin se sont-ils amusés avant le repas?
7 Décrivez le déjeuner.
8 Qu'est-ce que c'est que la pétanque?
9 Nommez trois sortes de jeux de balle.
10 Que faites-vous pour vous détendre le dimanche?

3 On a parlé dans la radio

Ce matin en classe la maîtresse nous a dit: «Mes enfants, j'ai une grande nouvelle à vous annoncer: Des reporters de la radio vont venir vous interviewer. C'est pour une grande enquête nationale.»

Nous n'avons rien répondu parce que personne n'a compris ce qu'elle disait, sauf Agnan, qui comprend tout. Alors, la maîtresse nous a expliqué que des messieurs de la radio voulaient nous poser des questions, qu'ils faisaient ça dans toutes les écoles, et qu'aujourd'hui c'était notre tour.

– Et je compte sur vous pour être sages et pour parler d'une façon intelligente, a dit la maîtresse.

Ça nous a énervés comme tout de savoir qu'il fallait parler à la radio, et la maîtresse a dû taper avec sa règle sur son bureau plusieurs fois pour pouvoir continuer à nous faire la leçon de grammaire.

Puis, la porte de la classe s'est ouverte et le directeur est entré avec deux messieurs, dont l'un portait une valise.

– Debout! a dit la maîtresse.

– Assis! a dit le directeur. Mes enfants, c'est un grand honneur pour notre école de recevoir la visite de la radio, qui,   21 grâce au génie de Marconi, émettra vos paroles dans des milliers de foyers. Je suis sûr que vous serez sensibles à cet honneur et que vous serez conscients de votre responsabilité. Autrement, je vous préviens, vous serez punis! Monsieur, ici, vous expliquera ce qu'il attend de vous.

Alors, un des messieurs nous a dit qu'il allait nous poser des questions sur les choses que nous aimions faire, sur ce que nous lisions et sur ce que nous apprenions à l'école. Puis, il a pris un appareil dans sa main et il a dit: «Ceci est un micro. Vous parlerez là-dedans, bien distinctement, sans avoir peur; et ce soir, à huit heures précises, vous pourrez vous écouter, car tout ceci est enregistré.»

Puis le monsieur s'est tourné vers l'autre monsieur qui ouvrait sa valise. Là-dedans il y avait des appareils. Il a mis des choses pour écouter sur ses oreilles, comme les pilotes dans un film que j'ai vu. Puis le premier monsieur a dit à celui qui avait les choses sur les oreilles:

– On peut y aller, Pierrot?

– Bien sûr, a dit M. Pierrot, fais-moi un essai de voix.

– Un, deux, trois, quatre, cinq; ça va? a demandé l'autre monsieur.

– Ça va, mon Kiki, a répondu M. Pierrot.

– Bon, a dit M. Kiki, alors, qui veut parler le premier?

– Moi! Moi! Moi! avons-nous tous crié.

M. Kiki s'est mis à rire et il a dit: «Je vois que nous avons beaucoup de candidats; alors, je vais demander à mademoiselle de nommer quelqu'un.»

Bien sûr, la maîtresse a dit qu'il fallait interroger Agnan parce qu'il était le premier de la classe. C'est toujours la même chose avec ce chouchou, c'est vrai, quoi, à la fin!

Agnan est allé vers M. Kiki, qui lui a mis le micro devant la figure; elle était toute blanche, la figure d'Agnan.

– Bien. Veux-tu me dire ton nom, mon petit? a demandé
M. Kiki.

Agnan a ouvert la bouche et il n'a rien dit. Alors, M. Kiki
a dit:

– Tu t'appelles Agnan, n'est-ce pas?

Agnan a fait oui avec la tête.

– Il paraît, a dit M. Kiki, que tu es le premier de la classe.
Ce que nous aimerions savoir, c'est ce que tu fais pour te
distraire, tes jeux préférés ... Allons, réponds! Il ne faut pas
avoir peur, voyons!

Alors Agnan s'est mis à pleurer, et puis il a été malade et la
maîtresse a dû sortir en courant avec lui.

M. Kiki s'est essuyé le front, il a regardé M. Pierrot et puis il nous a demandé:

— Est-ce qu'il y a un de vous qui n'a pas peur de parler devant le micro?

— Moi! Moi! Moi! avons-nous tous crié.

— Bon, a dit M. Kiki, le petit gros, là, viens ici. C'est ça … Alors, on y va … Comment t'appelles-tu, mon petit?

— Alceste, a dit Alceste.

— Alchechte? a demandé M. Kiki tout étonné.

— Voulez-vous me faire le plaisir de ne pas parler la bouche pleine? a dit le directeur.

— Eh bien, a dit Alceste, j'étais en train de manger un croissant quand il m'a appelé.

— Un crois … Alors on mange en classe maintenant? a crié le directeur. Eh bien, parfait! Allez au piquet. Je m'occuperai de vous plus tard; et laissez votre croissant sur la table!

Alors, Alceste a poussé un grand soupir, il a laissé son croissant sur le bureau de la maîtresse et il est allé au piquet, où il a commencé à manger la brioche qu'il a sortie de la poche de son pantalon, pendant que M. Kiki essuyait le micro avec sa manche.

— Excusez-les, a dit le directeur, ils sont très jeunes et un peu dissipés.

— Oh! nous sommes habitués, a dit M. Kiki en souriant. Pour notre dernière enquête, nous avons interviewé les dockers grévistes. Pas vrai, Pierrot?

— C'était le bon temps, a dit M. Pierrot.

Puis, M. Kiki a appelé Eudes.

— Comment t'appelles-tu mon petit? a-t-il demandé.

— Eudes! a crié Eudes, et M. Pierrot a enlevé les choses qu'il avait sur les oreilles.

— Pas si fort, a dit M. Kiki. C'est pour ça qu'on a inventé

la radio; pour se faire entendre très loin sans crier. Allez, on recommence ... Comment t'appelles-tu mon petit?

– Eudes, a dit Eudes.

– On le saura, a dit Geoffroy.

– Dehors, Geoffroy! a dit le directeur.

– Silence! a crié M. Kiki.

– Eh! Préviens quand tu cries! a dit M. Pierrot, qui a enlevé les choses qu'il avait sur les oreilles. M. Kiki s'est mis la main sur les yeux, il a attendu un petit moment, il a enlevé sa main et il a demandé à Eudes ce qu'il aimait faire pour se distraire.

– Je suis formidable au foot, a dit Eudes. Je les bats tous.

– Ce n'est pas vrai, ai-je dit. Qu'est-ce qui est arrivé hier, quand tu étais gardien de but?

– Oui! a dit Clotaire.

– Rufus a sifflé hors-jeu! a dit Eudes.

– Bien sûr, a dit Maixent, il jouait dans ton équipe. Moi, j'ai toujours dit qu'un joueur ne pouvait pas être en même temps arbitre, même si c'est lui qui a le sifflet.

– Tu veux mon poing sur le nez? a demandé Eudes, et le directeur l'a mis en retenue pour jeudi. Alors, M. Kiki a dit qu'il en avait assez, M. Pierrot a tout remis dans la valise et ils sont partis tous les deux.

A huit heures, ce soir, à la maison, à part Papa et Maman, il y avait M. et Mme Blédurt; M. et Mme Courteplaque, qui sont nos voisins; M. Barlier, qui travaille dans le même bureau que mon papa, et oncle Eugène. Nous étions tous autour de la radio pour m'écouter parler. Mémé, ma grand'mère, ne pouvait pas venir, mais elle écoutait la radio chez elle, avec des amis. Mon papa était très fier: il me passait la main sur les cheveux, en faisant: «Hé, hé!» Tout le monde était bien content!

Mais je ne sais pas ce qui s'est passé, à la radio; à huit heures, il n'y a eu que de la musique.

Ça m'a surtout fait de la peine pour M. Kiki et M. Pierrot. Ils ont dû être tellement déçus!

Vocabulaire

l'enquête (f) *survey*
le tour *turn*
la façon *manner*
grâce à *thanks to*
le génie *genius*
émettre *to broadcast*
des milliers (m pl) de *thousands of*
le foyer *home*
conscient, -e *conscious*
prévenir *to warn*
attendre (de) *to expect (from)*
enregistrer *to record*
l'essai (m) *test (ing)*
se distraire *to amuse oneself*
le croissant *crescent-shaped roll*
le piquet *corner*
la brioche *brioche, type of bun*
dissipé, -e *inattentive, wild*
le gréviste *striker*
le gardien de but *goal-keeper*
hors-jeu *off-side*
l'équipe (f) *team*
siffler *to whistle*
l'arbitre (m) *referee*
le poing *fist*
la retenue *detention*
se faire de la peine *to be upset*
déçu, -e *disappointed*
se réunir *to meet together*

Questions

1 Quelle grande nouvelle la maîtresse a-t-elle annoncée?
2 Que savez-vous de Marconi?
3 Qui a voulu enregistrer sa voix le premier?

4   Pourquoi Agnan a-t-il été choisi?

5   Agnan a-t-il répondu aux questions d'une façon intelligente?

6   Qui a été interrogé ensuite?

7   Pourquoi M. Kiki a-t-il dû essuyer le micro avec sa manche?

8   Qui a été mis en retenue?

9   Pourquoi tant de gens se sont-ils réunis chez Nicolas ce soir-là?

10   Qu'est-ce que vous faites pour vous distraire?

4 Philatélies

Rufus est arrivé très content, ce matin, à l'école. Il nous a montré un cahier tout neuf qu'il avait. Sur la première page, en haut à gauche, il y avait un timbre collé. Sur les autres pages, il n'y avait rien.

Il nous a expliqué que ça s'appelait faire de la philatélie. Son papa lui a dit que c'était très utile, parce qu'on apprenait l'histoire et la géographie en regardant les timbres. Son papa a dit aussi qu'une collection de timbres pouvait valoir beaucoup d'argent et qu'il y a eu un roi d'Angleterre qui avait une collection qui valait une fortune.

– Si tout le monde faisait une collection de timbres, nous a dit Rufus, nous pourrions faire des échanges. Ça serait formidable. Papa m'a dit que c'est comme ça qu'on arrive à faire des collections merveilleuses. Mais il ne faut pas déchirer les timbres. Surtout, ils doivent avoir toutes leurs dents.

Quand je suis arrivé à la maison pour déjeuner, j'ai tout de suite demandé à Maman de me donner des timbres.

– Qu'est-ce que c'est encore que cette invention-là, a demandé Maman. Va te laver les mains et ne me casse pas la tête avec des idées pareilles.

– Pourquoi veux-tu des timbres, bonhomme ? m'a demandé Papa. Tu as des lettres à écrire ?

– Non, ai-je dit, c'est pour faire des philatélies, comme Rufus.

– Mais c'est très bien ça ! à dit Papa. La philatélie est une   29

occupation très intéressante! En faisant collection de timbres, on apprend beaucoup de choses, surtout l'histoire et la géographie. Et puis, tu sais, une collection bien faite, ça peut valoir très cher. Il y a eu un roi d'Angleterre qui avait une collection qui valait une véritable fortune!

– Oui, ai-je dit. Alors, on va faire des échanges avec les copains et on aura des collections formidables, avec des timbres pleins de dents.

– Eh bien – oui … a dit Papa. En tout cas j'aime mieux te voir collectionner des timbres que ces jouets inutiles qui encombrent tes poches et toute la maison. Alors, maintenant tu vas obéir à Maman, tu vas aller te laver les mains, tu vas venir à table, et après déjeuner je vais te donner quelques timbres.

Quand Papa a cherché dans son bureau il a trouvé trois enveloppes. Il a déchiré le coin où il y avait les timbres.

– Et te voilà en route pour une collection formidable! m'a dit Papa en riant.

Moi, je l'ai embrassé, parce que j'ai le papa le plus gentil du monde.

Quand je suis arrivé à l'école cet après-midi, plusieurs copains se montraient leurs collections; il y avait Clotaire qui avait un timbre, Geoffroy qui en avait un autre et Alceste qui en avait un, mais tout déchiré, minable et plein de beurre. Moi, avec mes trois timbres, j'avais la collection la plus belle. Eudes n'avait pas de timbres et il nous a dit que nous étions tous bêtes et que ça ne servait à rien; que lui, il aimait mieux le foot.

– C'est toi qui es bête, a dit Rufus. C'est parce que le roi d'Angleterre a fait une collection de timbres au lieu de jouer au foot qu'il est devenu riche. C'est peut-être à cause de ça qu'il est devenu roi.

Il avait bien raison, Rufus, mais comme la cloche a sonné pour entrer en classe, on n'a pas pu continuer à faire des philatélies.

A la récréation, nous nous sommes tous mis à faire des échanges.

– Qui veut mon timbre? a demandé Alceste.

– Tu as un timbre qui me manque, a dit Rufus à Clotaire. Je te le change.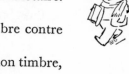

– D'accord, a dit Clotaire. Je te change mon timbre contre deux timbres.

– Et pourquoi te donnerais-je deux timbres pour mon timbre,

je te prie? a demandé Rufus. Pour un timbre, je donne un timbre.

— Moi, je changerais bien mon timbre contre un timbre, a dit Alceste.

Puis, le Bouillon s'est approché de nous; il se méfie quand il nous voit tous ensemble. Comme nous sommes toujours ensemble, le Bouillon se méfie tout le temps.

— Regardez-moi bien dans les yeux, nous a-t-il dit. Je voudrais bien savoir ce que vous faites maintenant.

— Rien monsieur, a dit Clotaire. On fait des philatélies, alors on échange des timbres. Un timbre contre deux timbres, pour faire des collections.

— De la philatélie? a dit le Bouillon. Mais c'est très bien, ça! Très bien! Très instructif, surtout en ce qui concerne l'histoire et la géographie! Et puis, une bonne collection, ça peut arriver à valoir cher ... Il y a eu un roi, je ne suis pas sûr de quel pays, et je ne me souviens pas de son nom, qui avait une collection qui valait une fortune! ... Alors, faites vos échanges, mais soyez sages.

Le Bouillon est parti et Clotaire a tendu sa main avec le timbre dedans vers Rufus.

— Alors, c'est d'accord? a demandé Clotaire.

— Non, a répondu Rufus.

— Moi, c'est d'accord, a dit Alceste.

Puis Eudes s'est approché de Clotaire, et hop! il lui a pris le timbre.

— Moi aussi, je vais commencer une collection! a crié Eudes en riant.

Il s'est mis à courir. Clotaire, lui, ne riait pas. Il courait après Eudes en lui criant de lui rendre son timbre, espèce de voleur. Alors Eudes, sans s'arrêter, a léché le timbre et il se l'est collé sur le front.

– Regardez-moi, a crié Eudes. Je suis une lettre! Je suis une lettre par avion!

Puis Eudes a ouvert les bras et il s'est mis à courir en faisant: «Vraom vraom!» Mais Clotaire a réussi à lui faire un croche-pied et Eudes est tombé. Alors, ils ont commencé à se battre et le Bouillon est revenu en courant.

– Oh! je savais bien que je ne pouvais pas vous faire confiance, a dit le Bouillon; vous êtes incapables de vous distraire intelligemment! Allez vous deux, marchez au piquet ... Et puis vous, Eudes, vous allez me faire le plaisir de décoller ce timbre ridicule que vous avez sur le front!

– Oui, mais dites-lui de faire attention de ne pas déchirer les dents, a dit Rufus. C'est un de ceux qui me manquent.

Alors, le Bouillon l'a envoyé au piquet avec Clotaire et Eudes.

Comme collectionneurs, il ne restait plus que Geoffroy, Alceste et moi.

– Hé, les gars! Vous ne voulez pas mon timbre? a demandé Alceste.

– Je te change tes trois timbres contre mon timbre, m'a dit Geoffroy.

– Tu n'es pas un peu fou? lui ai-je demandé. Si tu veux mes trois timbres, donne-moi trois timbres. Pour un timbre je te donne un timbre.

– Moi, je veux bien changer mon timbre contre un timbre, a dit Alceste.

– Mais ça m'avance à quoi? m'a dit Geoffroy. Ce sont les mêmes timbres!

– Alors, vous n'en voulez pas, de mon timbre? a demandé Alceste.

– Je veux bien te donner mes trois timbres, ai-je dit a Geoffroy, si tu me les échanges contre quelque chose de bon.

– D'accord! a dit Geoffroy.

– Eh bien, puisque personne n'en veut, de mon timbre, voilà ce que j'en fais! a crié Alceste, et il a dechiré sa collection.

Quand je suis arrivé à la maison, content comme tout, Papa m'a demandé:

– Alors, jeune philatéliste, ça marche, cette collection?

– Très bien, lui ai-je dit.

Et je lui ai montré les deux billes que Geoffroy venait de me donner.

Vocabulaire

la philatélie   *stamp collecting*
neuf, -ve   *new*
coller   *to stick*
faire un échange contre   *to swap*
déchirer   *to tear*
le jouet   *toy*
minable (fam)   *grubby*
manquer   *to be missing*
d'accord   *agreed*
se méfier   *to be suspicious*
lécher   *to lick*
le front   *forehead*
faire un croche-pied à quelqu'un (fam)   *to trip someone up*
ça m'avance à quoi? (fam)   *what good does that do me?*
la bille   *marble*

Questions

1 Pourquoi toutes les grandes personnes ont-elles encouragé les copains à faire des collections de timbres?
2 Collectionnez-vous les timbres?
3 Quel est le timbre le plus valable du monde?
4 Où Nicolas a-t-il trouvé ses premiers timbres?
5 Comment était celui d'Alceste?
6 Pourquoi Eudes ne voulait-il pas faire une collection?
7 Comment Clotaire a-t-il fait tomber Eudes?
8 A la fin de la journée combien de garçons avaient toujours des timbres?
9 Qu'est-il arrivé à la collection d'Eudes?
10 Contre quoi Nicolas s'est-il échangé ses timbres?

5 Maixent le magicien

Nous sommes invités, tous les copains, à goûter chez Maixent.
Ça nous a étonnés, parce que Maixent n'invite jamais personne
chez lui. Sa maman ne veut pas. Mais il nous a expliqué que son
oncle, celui qui est marin, lui a fait cadeau d'une boîte de magie.
Eh bien, faire de la magie n'est pas drôle s'il n'y a personne pour
regarder, et c'est pour ça que la maman de Maixent lui a permis
de nous inviter.

Quand je suis arrivé, tous les copains étaient déjà là. La
maman de Maixent nous a servi le goûter: du thé au lait et des
tartines; pas formidable. Tout le monde regardait Alceste qui
mangeait les deux petits pains au chocolat que sa maman lui
donne chaque fois qu'il est invité. C'est inutile de lui en
demander, parce qu'Alceste, qui est un très bon copain, vous
prêtera n'importe quoi, si cela ne se mange pas.

Après le goûter, Maixent nous a fait entrer dans le salon où
il y avait des chaises en rang, comme chez Clotaire quand son
papa nous a fait le guignol. Maixent s'est mis derrière une table,
sur laquelle il y avait la boîte de magie. Maixent a ouvert la
boîte; il y avait beaucoup de choses là-dedans et il a pris une
baguette et un gros dé.

– Vous voyez ce dé? a dit Maixent. A part qu'il est très gros,
il est comme tous les dés …

– Non, a dit Geoffroy, il est creux, et à l'intérieur il y a un
autre dé.

Maixent a ouvert la bouche et il a regardé Geoffroy.

— Qu'est-ce que tu en sais ? a demandé Maixent.

— Je le sais parce que j'ai la même boîte de magie à la maison, a répondu Geoffroy ; c'est mon papa qui me l'a donnée quand j'ai fait douzième en orthographe.

— Alors, il y a un truc ? a demandé Rufus.

— Non, monsieur, il n'y a pas de truc ! a crié Maixent. Ce qu'il y a, c'est que Geoffroy est un sale menteur !

— Bien sûr il est creux, ton dé, a dit Geoffroy. Répète que je suis un sale menteur, et tu auras une gifle !

Mais ils ne se sont pas battus, parce que la maman de Maixent est entrée dans le salon. Elle nous a regardés, elle est restée un moment, et puis elle est partie en poussant un soupir et en emportant un vase qui était sur la cheminée. Moi, le dé creux, ça m'a intéressé, alors je me suis approché de la table pour voir.

— Non, a crié Maixent. Non ! Retourne à ta place, Nicolas ! tu n'as pas le droit de voir de près !

— Et pourquoi, je vous prie ? ai-je demandé.

— Parce qu'il y a un truc, c'est sûr, a dit Rufus.

— Eh bien, oui, a dit Geoffroy, le dé est creux. Alors, quand tu le mets sur la table, le dé qui est dedans ...

— Si tu continues, a crié Maixent, tu retourneras chez toi!

La maman de Maixent est entrée dans le salon et elle est ressortie avec une petite statue qui était sur le piano.

Alors, Maixent a laissé le dé et il a pris une espèce de petite casserole.

— Cette casserole est vide, a dit Maixent en nous la montrant.

Il a regardé Geoffroy, mais Geoffroy était occupé à expliquer le dé creux à Clotaire, qui ne comprend jamais rien.

— Je sais, a dit Joachim, la casserole est vide et tu vas en faire sortir un pigeon tout blanc.

— S'il y arrive, a dit Rufus, c'est qu'il y a un truc.

— Un pigeon? a dit Maixent, mais non! D'où penses-tu que je vais sortir un pigeon, imbécile?

A la télé, j'ai vu un magicien qui sortait beaucoup de pigeons de partout, imbécile toi-même! a répondu Joachim.

— D'abord, a dit Maixent, même si je voulais, je n'aurais pas le droit de sortir un pigeon de la casserole; ma maman ne veut pas avoir d'animaux à la maison; la fois où j'ai amené une souris, ça a fait des histoires. Et qui est un imbécile, je vous prie?

— C'est dommage, a dit Alceste; j'aime bien les pigeons. Ils ne sont pas gros, mais avec les petits pois, ils sont formidables! On dirait du poulet.

— C'est toi, l'imbécile, a dit Joachim à Maixent; voilà qui est l'imbécile.

Puis la maman de Maixent est entrée. Moi, je me demande si elle n'écoutait pas derrière la porte. Elle nous a dit d'être sages et de faire attention à la lampe qui était dans le coin.

Quand elle est partie, elle avait l'air très inquiète, la maman de Maixent ...

— La casserole, a demandé Clotaire, elle est creuse comme le dé?

– Pas toute la casserole, a dit Geoffroy, seulement dans le fond.

– C'est un truc, quoi? a demandé Rufus.

Alors, Maixent s'est fâché; il nous a dit que nous n'étions pas ses copains et il a fermé sa boîte de magie en disant qu'il ne nous ferait plus de tours. Puis il s'est mis à bouder. Personne n'a rien dit. Alors, la maman de Maixent est entrée en courant.

– Qu'est-ce qui se passe ici? a-t-elle crié. Je ne vous entends plus.

– C'est eux, a dit Maixent; ils ne me laissent pas faire de tours!

– Ecoutez les enfants, a dit la maman de Maixent. Je veux bien vous laisser vous amuser, mais il faut être sages. Sinon, vous rentrerez chez vous. Maintenant, je dois sortir faire une course. Je compte sur vous pour être de grands garçons très raisonnables; et faites attention à la pendule qui est sur la commode.

La maman de Maixent nous a regardés encore une fois; puis elle est partie en secouant la tête comme pour faire non, avec les yeux vers le plafond.

– Bon, a dit Maixent. Vous voyez cette boule blanche? Eh bien, je vais la faire disparaître.

– C'est un truc? a demandé Rufus.

– Oui, a dit Geoffroy, il va la cacher et la mettre dans sa poche.

– Non, monsieur! a crié Maixent; non, monsieur! Je vais la faire disparaître. Parfaitement!

– Mais non, a dit Geoffroy, tu ne la feras pas disparaître, puisque je te dis que tu vas la mettre dans ta poche!

– Alors, il va la faire disparaître ou non, sa boule blanche? a demandé Eudes.

– Je pourrais bien la faire disparaître, la boule, a dit Maixent, si je voulais; mais je ne veux pas parce que vous n'êtes pas de copains, et voilà tout. Maman a raison de dire que vous êtes des vandales!

– Ah! Qu'est-ce que je disais? a crié Geoffroy; pour faire disparaître la boule, il faudrait être un vrai magicien!

Alors, Maixent s'est fâché et il a couru vers Geoffroy pour lui donner une claque. Ça n'a pas plu à Geoffroy et il a jeté la boîte de magie par terre. Il s'est mis très en colère. Maixent et lui ont commencé à se battre. Puis la maman de Maixent est entrée dans le salon. Elle n'avait pas l'air contente du tout.

– Tous chez vous! Tout de suite! nous a dit la maman de Maixent.

Alors, nous sommes partis. Moi, j'étais assez déçu, même si on a passé un bon après-midi, parce que je voulais bien voir Maixent faire ses tours de magie.

– Bah! a dit Clotaire, moi, je crois que Rufus a raison; Maixent n'est pas comme les vrais magiciens de la télé; avec lui, ce n'est que de trucs.

Le lendemain, à l'école, Maixent était encore fâché avec nous. Après notre départ, quand il voulait faire un tour de magie à son papa, il n'a pas pu retrouver la boule blanche.

Vocabulaire

la magie *magic*
n'importe quoi *anything, no matter what*
mangeable *edible*
le rang *row*
le guignol *Punch and Judy show*
la baguette *small stick,* (here) *magician's wand*
le dé *dice*
creux, -se *hollow*
l'orthographe (f) *spelling*
le truc *trick*
le menteur *liar*
la casserole *saucepan*
amener *to bring in*
faire des histoires (fam) *to cause a scene*
le fond *bottom*
le tour *trick*
bouder *to sulk*
la commode *chest of drawers*
secouer *to shake*
se fâcher *to become angry*
la claque *slap*

Questions

1 Pourquoi les copains ont-ils été surpris d'être invités chez Maixent?
2 Quelle est la raison de cette invitation?
3 Le goûter a-t-il plu aux copains?
4 Décrivez un guignol.
5 Pourquoi Geoffroy a-t-il interrompu Maixent si souvent?
6 Quels objets la maman de Maixent a-t-elle emportés du salon?
7 Pourquoi Alceste espère-t-il que Maixent fera sortir des pigeons de la casserole?
8 Lequel de ses tours de magie Maixent a-t-il réussi?
9 Vos parents aiment-ils inviter vos copains à la maison?
10 Si vous aviez un neveu, quel cadeau lui feriez-vous?

6 Les échecs

Dimanche, il faisait froid et il pleuvait, mais ça ne me gênait pas, parce que j'étais invité à goûter chez Alceste. Alceste est un bon copain qui est très gros et qui aime beaucoup manger. Avec lui, on s'amuse bien, même quand on se dispute.

Quand je suis arrivé chez Alceste, c'est sa maman qui m'a ouvert la porte, parce qu'Alceste et son papa étaient déjà à table et ils m'attendaient pour goûter.

— Tu es en retard, m'a dit Alceste.

— Ne parle pas la bouche pleine, a dit son papa, et passe-moi le beurre.

Pour le goûter, chacun a eu deux bols de chocolat, un gâteau à la crème, du pain grillé avec du beurre et de la confiture, du saucisson et du fromage. Quand on a fini, Alceste a demandé à sa maman si on pouvait avoir un peu de cassoulet qui restait de midi, parce qu'il voulait me le faire essayer. Mais sa maman a répondu que non, que ça nous couperait l'appétit pour le dîner, et que d'ailleurs il ne restait plus de cassoulet de midi. Moi, de toutes façons, je n'avais plus très faim.

Puis nous nous sommes levés pour aller jouer, mais la maman d'Alceste nous a dit que nous devrions être très sages et surtout ne pas faire de désordre dans la chambre, qui était bien rangée pour une fois.

43

– On va jouer au train, aux petites autos, aux billes et avec le ballon de foot, a dit Alceste.

– Non, non et non! a dit la maman d'Alceste. Tu n'as pas le droit de déranger ta chambre aujourd'hui. Trouvez des jeux plus calmes!

– Eh bien quoi, alors? a demandé Alceste.

– Moi, j'ai une idée, a dit le papa d'Alceste. Je vais vous apprendre le jeu le plus intelligent du monde. Allez dans votre chambre, je vous rejoins.

Alors, nous sommes allés dans la chambre d'Alceste, et c'est vrai qu'elle était très bien rangée. Puis son papa est arrivé avec un jeu d'échecs sous le bras.

– Des échecs? a dit Alceste. Mais on ne sait pas y jouer!

– Justement, a dit le papa d'Alceste, je vais vous apprendre; vous verrez, c'est formidable!

C'est vrai que c'est très intéressant, les échecs! Le papa d'Alceste nous a montré comment on range les pièces sur le damier; il nous a montré les pions, les tours, les fous, les chevaux, le roi et la reine, il nous a dit comment il fallait les faire avancer et aussi comment il fallait faire pour prendre les pièces de l'ennemi.

– C'est comme une bataille avec deux armées, a dit le papa d'Alceste, et vous êtes les généraux.

Puis, le papa d'Alceste a pris un pion dans chaque main, il a fermé les poings et il m'a donné à choisir. J'ai eu les blanches et nous nous sommes mis à jouer. Le papa d'Alceste est resté avec nous pour nous donner des conseils et nous dire quand on se trompait. La maman d'Alceste est venue et elle avait l'air contente de nous voir assis autour du pupitre d'Alceste en train de jouer. Puis le papa d'Alceste a bougé un fou et il a dit en souriant que c'était la fin du jeu.

44   – Bon, a dit le papa d'Alceste, je crois que vous avez compris.

Alors, maintenant, Nicolas va prendre les noires et vous allez jouer tout seuls.

Il est parti avec la maman d'Alceste en lui disant que le tout c'était de savoir y faire, et est-ce que vraiment il ne restait pas un fond de cassoulet.

Ce qui était embêtant avec les pièces noires, c'est qu'elles étaient un peu collantes, à cause de la confiture qu'Alceste a toujours sur les doigts.

— La bataille commence, a dit Alceste. En avant! Baoum!

Il a avancé un pion. Alors moi, j'ai fait avancer mon cheval qui est le plus difficile à faire marcher parce qu'il va tout droit et puis après, il va de côté. C'est aussi le plus amusant, parce qu'il peut sauter.

— Lancelot ne craint pas les ennemis! ai-je crié.

— En avant! Vroum boum boum, vroum boum boum! a répondu Alceste en faisant le tambour et en poussant plusieurs pions avec le dos de la main.

— Hé! ai-je dit. Tu n'as pas le droit de faire ça!

— Défends-toi comme tu peux, canaille! a crié Alceste, qui est venu avec moi voir un film plein de chevaliers et de châteaux forts, à la télévision, jeudi, chez Clotaire. Alors, avec les deux mains, j'ai poussé mes pions aussi, en faisant le canon et la mitrailleuse, ratatatat; et quand mes deux pions ont rencontré ceux d'Alceste il y en a beaucoup qui sont tombés.

— Minute, m'a dit Alceste, ça ne va pas, ça! Tu as fait la mitrailleuse et dans ce temps-là il n'y en avait pas. C'est seulement le canon, boum! ou les épées, tchaf, tchaf! Si c'est pour tricher, ce n'est pas la peine de jouer.

Comme Alceste avait raison, je lui ai dit d'accord, et nous avons continué à jouer aux échecs. J'ai avancé mon fou mais j'ai eu du mal à cause de tous les pions tombés qu'il y avait sur le damier. Avec son doigt, comme pour jouer aux billes, Alceste 45

a envoyé mon fou contre mon cheval, qui est tombé. Alors, moi j'ai fait la même chose avec ma tour, que j'ai envoyée contre sa reine.

– Ça ne va pas encore, m'a dit Alceste. La tour, ça avance tout droit, et toi tu l'as envoyée de côté, comme un fou!

– Victoire! ai-je crié. Nous les tenons! En avant, braves chevaliers! Pour le roi Arthur!

Avec les doigts, j'ai envoyé beaucoup de pièces partout; c'était formidable.

– Attends, m'a dit Alceste. Avec les doigts, c'est trop facile; si on faisait ça avec des billes? Les billes seraient des balles.

– Oui, ai-je dit, mais on n'aura pas de place sur le damier.

– Eh bien, c'est très simple, a dit Alceste. Toi, tu vas te mettre d'un côté de la chambre et moi je me mettrai à l'autre bout.

46 Puis on peut cacher les pièces derrière les pieds du lit, de la

chaise et du pupitre.

Alceste est allé chercher les billes dans son armoire, qui était moins bien rangée que sa chambre. Beaucoup de choses sont tombées sur le tapis. Moi, j'ai mis un pion noir dans une main et un pion blanc dans l'autre, j'ai fermé les poings et j'ai donné à choisir à Alceste, qui a eu les blanches. On a commencé à envoyer les billes en faisant «boum» chaque fois, et comme nos pièces étaient bien cachées, c'était difficile de les avoir.

— Dis donc, ai-je dit, si on prenait les wagons de ton train et les petites autos pour faire les tanks?

Alceste a sorti le train et les autos de l'armoire, on a mis les soldats dedans et on a fait avancer les tanks, vroum, vroum.

— Mais, a dit Alceste, on n'arrivera jamais à toucher les soldats avec les billes, s'ils sont dans les tanks.

— On peut les bombarder, ai-je dit.

Alors, on a fait les avions avec les mains pleines de billes et puis, quand on passait au-dessus des tanks, on lâchait les billes. Mais les billes ne faisaient rien aux wagons et aux autos; alors, Alceste est allé chercher son ballon de foot et il m'a donné un ballon de plage, rouge et bleu. Nous avons commencé à jeter nos ballons contre les tanks. C'était formidable! Puis Alceste a shooté trop fort: le ballon de foot est allé frapper contre la porte et puis il est revenu sur le pupitre où il a fait tomber la bouteille d'encre, et la maman d'Alceste est entrée.

Elle était très fâchée, la maman d'Alceste! Elle a dit à Alceste que ce soir, pour le dîner, il serait privé de reprendre du dessert, et elle m'a dit qu'il se faisait tard et que je ferais mieux de rentrer chez ma pauvre mère.

Quant à moi, je trouve que c'est fort bien, le jeu d'échecs! Dès qu'il fera beau, nous irons y jouer dans le terrain vague. Parce que, bien sûr, ce n'est pas un jeu pour jouer à l'intérieur d'une maison, les échecs, vroum, boum, boum!

Vocabulaire

les échecs (m pl)   *chess*
se disputer   *to argue*
le cassoulet   *regional version of stew with haricot beans*
de toutes façons   *in any case*
le damier   *chess or draught board*
le pion   *Pawn*
la tour   *Castle, Rook*
le fou   *Bishop*
le cheval   *(refers to the Knight; correctly this should be 'le cavalier')*
le conseil   *advice*
se tromper   *to make a mistake*
embêtant (fam)   *tiresome*
collant, -e   *sticky*
la canaille (fam)   *scoundrel*
le château fort   *fortified castle*
la mitrailleuse   *machine-gun*
l'épée (f)   *sword*
tricher   *to cheat*
reprendre du dessert   *to have a second helping of dessert*
il se faisait tard   *it was getting late*
le terrain vague   *waste ground*
ressembler à   *to be like*

Questions

1   Nicolas aime-t-il mieux aller chez Alceste ou chez Maixent? Pourquoi?
2   Qu'est-ce qu'ils ont mangé pour le goûter?
3   Qu'aimez-vous manger pour le goûter?
4   Pourquoi la mère d'Alceste a-t-elle refusé de leur donner du cassoulet?
5   Comment se fait le cassoulet?
6   Pourquoi la mère d'Alceste était-elle si contente de voir son fils et Nicolas assis au pupitre?
7   Qu'est-ce qui est arrivé lorsque le père est parti?
8   Qu'ont-ils fait avec les billes?
9   Comment était la chambre quand la mère d'Alceste est revenue?
10   Citez quatre jeux où l'on utilise une table de jeu.

7 Les docteurs

Quand je suis entré dans la cour de l'école, ce matin, Geoffroy est venu vers moi, l'air tout embêté. Il m'a dit que des docteurs allaient venir pour nous faire des radios. Puis les autres copains sont arrivés.

— Ce n'est pas vrai, a dit Rufus. Les grands racontent toujours des blagues.

— Qu'est-ce qui n'est pas vrai ? a demandé Joachim.

— Que des docteurs vont venir ce matin nous faire des vaccinations, a répondu Rufus.

— Tu crois que ce n'est pas vrai ? a dit Joachim, qui avait l'air très inquiet.

— Qu'est-ce qui n'est pas vrai ? a demandé Maixent.

— Que des docteurs vont venir nous faire des opérations, a répondu Joachim.

— Mais je ne veux pas, moi ! a crié Maixent.

— Qu'est-ce que tu ne veux pas ? a demandé Eudes.

— Je ne veux pas avoir une opération d'appendice, a répondu Maixent.

— C'est quoi l'appendice ? a demandé Clotaire.

— C'est ce qu'on m'a enlevé quand j'étais petit, a répondu Alceste. Moi, je n'ai rien à craindre. Et il a ri.

Puis le Bouillon, notre surveillant, a sonné la cloche et nous nous sommes mis en rangs. Nous étions tous très inquiets, sauf **49**

Alceste qui riait et Agnan, qui travaillait dans un coin, n'ayant rien entendu. Quand nous sommes entrés en classe, la maîtresse nous a dit:

— Mes enfants, ce matin, des docteurs vont venir pour …

Elle n'a pas pu continuer, parce qu'Agnan s'est levé d'un coup.

— Des docteurs? a crié Agnan. Je ne veux pas aller chez les docteurs! Je n'irai pas chez les docteurs! Je me plaindrai! Et puis je ne peux pas aller chez les docteurs, je suis malade!

La maîtresse a tapé avec sa règle sur son bureau, et pendant qu'Agnan pleurait, elle a continué:

— Il n'y a vraiment pas de raison de s'alarmer ni d'agir comme des bébés. Les docteurs vont tout simplement vous passer à la radio; ça ne fait pas mal du tout et …

— Mais, a dit Alceste, on m'a dit qu'ils venaient pour enlever les appendicites! Les appendicites je veux bien, moi, mais les radios, je n'en veux pas!

— Les appendicites? a crié Agnan, et il s'est roulé par terre.

La maîtresse s'est fâchée. Elle a tapé encore avec sa règle sur son bureau, elle a dit à Agnan de se tenir tranquille s'il ne voulait pas avoir un zéro en géographie (c'était l'heure de géographie) et elle a dit que le premier qui parlerait encore, elle le ferait renvoyer de l'école. Alors, personne n'a rien dit, sauf la maîtresse:

— Bien, a-t-elle dit. La radio, c'est tout simplement une photo pour voir si vos poumons sont en bon état. D'ailleurs, vous êtes déjà sûrement passés à la radio, et vous savez ce que c'est. Donc, inutile de faire des histoires; ça ne servirait à rien.

— Mais, mademoiselle, a commencé Clotaire, mes poumons …

— Laissez vos poumons tranquilles et venez plutôt au tableau nous dire ce que vous savez au sujet des affluents de la Loire, lui a dit la maîtresse.

Après l'interrogation, Clotaire a dû aller au piquet, juste au moment où le Bouillon est entré.

– C'est au tour de votre classe, mademoiselle, a dit le Bouillon.

– Parfait, a dit la maîtresse. Debout, en silence, et en rangs.

– Même les punis? a demandé Clotaire.

Mais la maîtresse n'a pas pu lui répondre, parce qu'Agnan criait qu'il n'y irait pas, qu'il voudrait rentrer chez lui, qu'il amènerait demain une excuse de ses parents. Il se tenait des deux mains à son banc et il donnait des coups de pied partout. Alors, la maîtresse a poussé un soupir et elle s'est approchée de lui.

– Ecoute, Agnan, lui a dit la maîtresse. Je t'assure qu'il n'y a pas de quoi avoir peur. Les docteurs ne te toucheront même pas; et puis, tu verras, c'est amusant: les docteurs sont venus dans un grand camion, et on y entre en montant un petit escalier. Dans le camion, c'est plus joli que tout ce que tu as vu. Et puis, tiens: si tu es sage, je te promets de t'interroger en arithmétique.

– Sur les fractions? a demandé Agnan.

SANITAIRE

La maîtresse lui a répondu que oui. Alors Agnan a lâché son banc et il s'est mis en rang avec nous en tremblant drôlement et en faisant «hou hou hou» tout bas et tout le temps.

Quand nous sommes descendus dans la cour, nous avons croisé les grands, qui retournaient en classe.

– Hé! Ça fait mal? leur a demandé Geoffroy.

– Terrible! a répondu un grand. Ça brûle, et ça pique et ça griffe et ils y vont avec de grands couteaux et il y a du sang partout!

Tous les grands sont partis en riant. Agnan s'est roulé par terre et il a été malade. Le Bouillon a dû le prendre dans ses bras pour l'emmener à l'infirmerie. Devant la porte de l'école, il y avait un camion blanc, grand comme tout, avec un petit escalier pour monter à l'arrière et un autre pour descendre, sur le côté en avant. Le directeur parlait avec un docteur qui avait un tablier blanc.

– Ce sont ceux-là, a dit le directeur, ceux dont je vous ai parlé.

– Ne vous inquiétez pas, Monsieur le Directeur, a dit le docteur, nous sommes habitués; avec nous, ils marcheront droit. Tout va se passer dans le calme et le silence.

Puis on a entendu des cris terribles; c'était le Bouillon qui arrivait en traînant Agnan par le bras.

– Je crois, a dit le Bouillon, que vous devriez commencer par celui-ci; il est un peu nerveux.

Alors, un des docteurs a pris Agnan dans ses bras. Agnan lui a donné des coups de pied en criant que personne ne devait le toucher, que tout le monde mentait et qu'il allait se plaindre à la police. Le docteur est entré dans le camion avec Agnan; on a encore entendu des cris et puis une haute voix qui a dit: «Cesse de bouger! Si tu continues à gigoter, je t'emmènerai à l'hôpital!»

52 Puis, il y a eu des «hou hou hou», et on a vu descendre Agnan

par la porte de côté, avec un grand sourire sur la figure, et il est rentré dans l'école en courant.

– Bon, a dit un des docteurs en s'essuyant la figure. Les cinq premiers, en avant! Comme de petits soldats!

Comme personne n'a bougé, le docteur en a montré cinq du doigt.

– Toi, toi, toi, toi et toi, a dit le docteur.

– Pourquoi nous et pas lui? a demandé Geoffroy en montrant Alceste.

– Oui, avons-nous dit, Rufus, Clotaire, Maixent et moi.

– Le docteur a dit toi, toi, toi, toi et toi, a dit Alceste. Il n'a pas dit moi. Alors, c'est à toi d'y aller, et à toi, et à toi, et à toi, et à toi! Pas à moi!

– Oui? Eh bien, si toi tu n'y vas pas, ni lui, ni lui, ni lui, ni lui, moi je n'y irai pas non plus! a répondu Geoffroy.

– C'est fini? a crié le docteur. Allez, vous cinq, montez! Et en vitesse!

– Alors, nous sommes montés: c'était formidable dans le camion; un docteur a inscrit nos noms, on nous a fait enlever nos chemises, on nous a mis l'un après l'autre derrière un morceau de verre et on nous a dit que c'était fini.

– Il est formidable, le camion! a dit Rufus.

– T'as vu la petite table? a dit Clotaire.

– Pour faire des voyages, ça doit être terrible! ai-je dit.

– Et ça, ça marche comment? a demandé Maixent.

– Ne touchez à rien! a crié un docteur. Et descendez! Nous sommes pressés! Allez, ouste … Non! Pas par derrière! Par là! Par là!

Mais Geoffroy, Clotaire et Maixent sont allés derrière pour descendre et ça a fait beaucoup de désordre avec les copains qui montaient. Puis le docteur qui était à la porte de derrière a arrêté Rufus qui voulait remonter dans le camion:

– Je suis sûr que tu es déjà passé à la radio, lui a dit le docteur.

– Non, a dit Alceste, c'est moi qui suis déjà passé à la radio.

– Tu t'appelles comment? a demandé le docteur.

– Rufus, a dit Alceste.

– Ça me ferait mal! a dit Rufus.

– Vous, là-bas! ne montez pas par la porte de devant! a crié un docteur.

Les docteurs ont continué à travailler avec beaucoup de copains qui montaient et qui descendaient, et avec Alceste qui expliquait à un docteur que ce n'était pas la peine, puisqu'il n'avait plus d'appendicite. Puis, le chauffeur du camion s'est penché et il a demandé s'il pouvait partir, qu'ils étaient très en retard.

– Vas-y! a crié un docteur dans le camion. Ils sont tous passés sauf un: Alceste, qui doit être absent!

Le camion est parti, et le docteur qui discutait avec Alceste sur le trottoir s'est retourné en criant: «Hé! Attendez-moi! attendez-moi!»

Mais ceux du camion ne l'ont pas entendu, peut-être parce que tout le monde criait.

Il était furieux, le docteur; et pourtant, nous étions quittes, les docteurs et nous, puisqu'un de leurs docteurs est resté avec nous, tandis qu'eux, ils ont emporté un de nos copains, Geoffroy, qui était encore dans le camion.

la radio *x-ray*
l'appendice (m) *appendix*
la blague (fam) *joke*
craindre *to fear*
se plaindre *to complain*
agir *to behave*
l'appendicite (f) *appendicitis*
le poumon *lung*
en bon état *in good condition*
l'affluent (m) *tributary*
lâcher *to let go*
croiser *to pass by*
brûler *to burn*
piquer *to sting*
griffer *to scratch*
le sang *blood*
être malade *to be sick*
l'infirmerie (f) *medical room*
mentir *to lie*
gigoter (fam) *to kick*
en vitesse *quickly*
inscrire *to write down*
se pencher *to lean out*
discuter *to discuss, argue*
être quitte(s) *to be quits, even*

Questions

1 Quel copain ne craint pas la visite des docteurs?
2 Quelle est la différence entre l'appendice et l'appendicite?
3 Quelle maladie la radio peut-elle révéler?
4 Pourquoi Clotaire est-il allé au piquet?
5 Qu'est-ce que la maîtresse a promis à Agnan pour le persuader de se mettre en rang avec les autres?
6 Agnan est-il entré tout de suite dans le camion?

7 Pourquoi le camion avait-il deux escaliers?

8 Tout s'est-il réellement passé dans le calme et le silence?

9 Comment Geoffroy, Clotaire et Maixent ont-ils réussi à mettre le désordre dans le camion?

10 Pourquoi les docteurs et les copains étaient-ils quittes à la fin?

8 La nouvelle librairie

Il y a une nouvelle librairie qui s'est ouverte, tout près de l'école. A la sortie, nous sommes tous allés la voir.

La vitrine de la librairie est toute pleine de revues, de journaux, de livres et de stylos. Nous y sommes tous entrés et quand le monsieur de la librairie nous a vus, il nous a fait un grand sourire en disant:

— Tiens, tiens! Voici des clients. Vous venez de l'école à côté? Je suis sûr que nous deviendrons bons amis. Moi, je m'appelle M. Escarbille.

— Et moi, Nicolas, ai-je dit.

— Et moi, Rufus, a dit Rufus.

— Et moi, Geoffroy, a dit Geoffroy.

— Vous avez la revue *Problèmes économico-sociologiques du monde occidental*? a demandé un monsieur qui venait d'entrer.

— Et moi, Maixent, a dit Maixent.

— Oui, euh … c'est très bien, mon petit, a dit M. Escarbille … Je vous sers tout de suite, monsieur; et il s'est mis à chercher dans un tas de revues. Alceste lui a demandé:

— Ces cahiers, là, vous les vendez à combien?

— Hmm? Quoi? a dit M. Escarbille. Ah! ceux-là? Un franc cinquante, mon petit.

— A l'école, on nous les vend un franc, a dit Alceste.

M. Escarbille s'est arrêté de chercher la revue du monsieur, il s'est retourné et il a dit:

– Comment, un franc? Les cahiers quadrillés à 100 pages?

– Ah! non, a dit Alceste; ceux de l'école ont 50 pages. Je peux le voir, ce cahier?

– Oui, a dit M. Escarbille, mais essuie-toi les mains; elles sont pleines de beurre à cause de tes tartines.

– Alors, vous l'avez ou vous ne l'avez pas, ma revue *Problèmes économico-sociologiques du monde occidental*? a demandé le monsieur.

– Mais oui, monsieur, mais oui, je la trouve tout de suite, a dit M. Escarbille. Je viens de m'installer et je ne suis pas encore bien organisé … Qu'est-ce que tu fais là, toi?

Alceste, qui se trouvait maintenant derrière le comptoir, lui a dit:

– Comme vous étiez occupé, je suis allé le prendre moi-même, le cahier où vous dites qu'il y a 100 pages.

– Non! Ne touche pas! Tu vas faire tout tomber! a crié M. Escarbille. J'ai passé toute la nuit à ranger … Tiens, le voilà, le cahier, et ne fais pas de miettes avec ton croissant!

Puis M. Escarbille a pris une revue et il a dit:

– Ah! voilà les *Problèmes economico-sociologiques du monde occidental*. Mais comme le monsieur qui voulait acheter le livre n'y était plus, M. Escarbille a poussé un soupir et il a remis la revue à sa place.

– Tiens! a dit Rufus en mettant son doigt sur une revue, ça, c'est la revue que lit Maman toutes les semaines.

– Parfait, a dit M. Escarbille; eh bien, maintenant, ta maman pourra l'acheter ici, sa revue.

– Ah non, a dit Rufus. Ma maman ne l'achète jamais, la revue. C'est Mme Boitafleur, qui habite à côté de chez nous qui donne la revue à Maman, après l'avoir lue elle-même. Mme Boitafleur ne l'achète pas non plus, la revue; elle la reçoit par la poste toutes les semaines.

M. Escarbille a regardé Rufus sans rien dire, et Geoffroy m'a   59 tiré par le bras en disant: «Viens voir.» Je suis allé voir et contre le mur il y avait beaucoup d'illustrés. Formidable! On a commencé à regarder les couvertures, et puis on les a tournées pour voir l'intérieur, mais on ne pouvait pas bien ouvrir, à cause des pinces qui tenaient les revues ensemble. On n'a pas osé enlever les pinces parce qu'on ne voulait pas déranger M. Escarbille.

— Tiens, m'a dit Geoffroy, celui-là, je l'ai. C'est une histoire avec des aviateurs, vroummm. Il y en a un qui est très brave, mais qui est attaqué par de méchants types qui veulent faire tomber son avion. Quand l'avion tombe, ce n'est pas l'aviateur qui est dedans, mais un copain. Alors, tous les autres copains croient que c'est l'aviateur qui a fait tomber l'avion pour se débarrasser de son copain, mais ce n'est pas vrai. Alors, après, l'aviateur découvre les vrais bandits. Tu ne l'as pas lue?

— Non, ai-je dit. Moi, j'ai lu l'histoire avec le cow-boy et la mine abandonnée, tu sais? Quand il arrive, il y a des hommes masqués qui se mettent à tirer sur lui. Bang! bang! bang! bang!

— Qu'est-ce qui se passe? a crié M. Escarbille, qui était occupé à dire à Clotaire de ne pas s'amuser avec la chose qui tourne, là où on met les livres pour faire voir aux gens ce qu'il y a à acheter.

— Je lui explique une histoire que j'ai lue, ai-je dit à M. Escarbille.

— Vous ne l'avez pas? a demandé Geoffroy.

— Quelle histoire? a demandé M. Escarbille, qui s'est repeigné avec les doigts.

— C'est un cow-boy, ai-je dit, qui arrive dans une mine abandonnée. Dans la mine il y a des hommes qui l'attendent, et …

— Je l'ai lue! a crié Eudes. Les types se mettent à tirer: Bang! bang! bang! …

– … Bang! Et puis, le shérif dit: «Salut, étranger», ai-je dit:
«nous n'aimons pas les curieux, ici …»

– Oui, a dit Eudes, alors, le cow-boy sort son revolver, et
bang! bang! bang!

– Assez! a dit M. Escarbille.

– Moi, j'aime mieux mon histoire d'aviateur, a dit Geoffroy.
Vroumm! baoumm!

– Tu me fais rire avec ton histoire d'aviateur, ai-je dit.
A côté de mon histoire de cow-boy, elle est plus bête que tout,
tiens!

– Tu veux un coup de poing sur le nez? a demandé Eudes.

– Les enfants! a crié M. Escarbille.

Puis on a entendu un drôle de bruit et toute la chose avec les livres est tombée par terre.

– Je n'y ai presque pas touché! a crié Clotaire, qui était tout rouge.

M. Escarbille n'avait pas l'air content du tout, et il a dit:

– Bon, ça suffit! Ne touchez plus à rien. Vous voulez acheter quelque chose, oui ou non?

– 99 ... 100! a dit Alceste. Oui, il y a bien 100 pages dans votre cahier, vous aviez raison. C'est formidable; moi, je l'achèterais bien.

M. Escarbille a pris le cahier des mains d'Alceste; ça a été facile parce que les mains d'Alceste glissent toujours. Il a regardé dans le cahier et il a dit:

– Petit malheureux! Tu as souillé toutes les pages avec tes doigts! Enfin, tant pis pour toi. C'est un franc cinquante.

– Oui, a dit Alceste. Mais je n'ai pas de sous. Alors, à la maison, pendant le déjeuner, je vais demander à mon papa s'il veut bien m'en donner. Mais n'y comptez pas trop, parce que j'ai fait le guignol hier, et Papa m'a dit qu'il allait me punir.

Comme il était tard, nous sommes tous partis en criant: «Au revoir, M. Escarbille!»

M. Escarbille ne nous a pas répondu; il était occupé à regarder le cahier qu'Alceste va peut-être lui acheter.

Moi, j'aime bien la nouvelle librairie et je sais que maintenant nous y serons toujours très bien reçus. Parce que, comme dit Maman: «Il faut toujours devenir amis avec les commerçants; comme ça, après, ils se souviennent de vous et ils vous servent bien.»

Vocabulaire

la librairie   *bookshop*
la sortie   *exit*
la vitrine   *shop window*
la revue   *magazine*
le client   *customer*
quadrillé   *squared*
s'installer   *to move in*
le comptoir   *counter*
la miette   *crumb*
l'illustré (m)   *illustrated paper*
la pince   *clip*
se débarrasser de   *to get rid of*
se repeigner   *to re-comb one's hair*
tirer   *to shoot*
l'étranger (m)   *stranger*
souiller   *to soil*
faire le guignol (fam)   *to play the fool*
le commerçant   *tradesman*
hebdomadaire   *weekly*
la bibliothèque   *library*

1 Qu'est-ce qu'on vend dans une librairie ?
2 Pourquoi M. Escarbille était-il content de voir les copains entrer dans son magasin ?
3 Quelle est la différence entre une bibliothèque et une librairie ?
4 Pourquoi le monsieur qui désirait une revue est-il sorti sans l'avoir achetée ?
5 Vend-on des cahiers à votre école ?
6 Pourquoi la mère de Rufus n'achète-t-elle jamais la revue qu'elle lit chaque semaine ?
7 Quels journaux achète-t-on chez vous ?
8 Vos parents achètent-ils des revues hebdomadaires ?
9 Qu'est-ce que vous aimez lire ?
10 Pourquoi M. Escarbille s'est-il fâché ?

9 Les athlètes

Je ne sais pas si je vous ai déjà dit que dans le quartier il y a un terrain vague où je vais quelquefois jouer avec les copains.

Dans ce terrain vague, il y a de l'herbe, des pierres, un vieux matelas, une auto qui n'a plus de roues mais qui est encore très chouette et qui nous sert d'avion ou d'autobus; il y a des boîtes et aussi quelquefois des chats: mais avec eux, c'est plus difficile de s'amuser, parce que quand ils nous voient arriver, ils s'en vont.

Nous étions tous dans le terrain vague. On se demandait à quoi on allait jouer, puisque le ballon de foot d'Alceste était confisqué jusqu'à la fin du trimestre.

— Si on jouait à la guerre? a demandé Rufus.

— Tu sais bien, a répondu Eudes, que chaque fois qu'on veut jouer à la guerre, on se bat parce que personne ne veut faire l'ennemi.

— Moi, j'ai une idée, a dit Clotaire. Si on faisait une réunion d'athlétisme?

Clotaire nous a expliqué qu'on pouvait voir ça à la télé et que c'était formidable. Il a dit qu'il y avait beaucoup d'épreuves, que tout le monde faisait des choses en même temps, et que les meilleurs étaient les champions. Puis, on les faisait monter sur un escabeau et on leur donnait des médailles.

— Et l'escabeau et les médailles, a demandé Joachim, d'où vas-tu les sortir?

– On fera semblant, a répondu Clotaire.

Ça, c'était une bonne idée. Alors tout le monde a été d'accord.

– Bon, a dit Clotaire, la première épreuve sera le saut en hauteur.

– Moi, je ne saute pas, a dit Alceste.

– Mais tu dois sauter, a dit Clotaire. Tout le monde doit sauter!

– Non monsieur, a dit Alceste. Je suis en train de manger, et si je saute je serai malade, et si je suis malade, je ne pourrai pas finir mes tartines avant le dîner. Alors, je ne saute pas.

– Bon, a dit Clotaire. Tu tiendras la ficelle pardessus laquelle nous devrons sauter. Parce qu'il nous faut une ficelle.

Alors, nous avons cherché dans nos poches; nous avons trouvé des billes, des boutons, des timbres et un caramel, mais pas de ficelle.

– On n'a qu'à prendre une ceinture, a dit Geoffroy.

– Eh bien, non, a dit Rufus, On ne peut pas sauter bien s'il faut tenir son pantalon en même temps.

– Alceste ne saute pas, a dit Eudes. Il n'a qu'à nous prêter sa ceinture.

– Je n'ai pas de ceinture, a dit Alceste. Mon pantalon, il tient tout seul.

– Je vais chercher par terre pour voir si je peux trouver un bout de ficelle, a dit Joachim.

Maixent a dit que chercher un bout de ficelle dans le terrain vague, c'était un drôle de travail. On ne pouvait pas passer tout l'après-midi à chercher un bout de ficelle; on devrait faire autre chose aussi.

– Hé, les gars! a crié Geoffroy. Si on faisait un concours pour voir qui marche le plus longtemps sur les mains? Regardez-moi! Regardez-moi!

66   Alors, Geoffroy s'est mis à marcher sur les mains, et il fait

ça très bien; mais Clotaire lui a dit qu'on ne voyait jamais
d'épreuves de marcher sur les mains dans les réunions d'athlétisme, imbécile.

— Imbécile? Qui est un imbécile? a demandé Geoffroy en
s'arrêtant de marcher.

Geoffroy s'est remis à l'endroit et il est allé se battre avec
Clotaire.

— Dites, les gars, a dit Rufus, si c'est pour se battre et pour
faire les guignols, ce n'est pas la peine de venir dans le terrain
vague; on peut très bien faire ça à l'école.

Comme il avait raison, Clotaire et Geoffroy ont cessé de se
battre, et Geoffroy a dit à Clotaire qu'il le prendrait où il
voudrait, quand il voudrait et comment il voudrait.

— Tu ne me fais pas peur, Bill, a dit Clotaire. Au ranch, nous
savons comment les traiter, les coyotes de ton espèce.

—Alors, a dit Alceste, vous jouez aux cow-boys, ou vous sautez?

— Tu as déjà vu les gens sauter sans ficelles? a demandé
Maixent.

— Garçon, dégaine! a dit Geoffroy.

Puis Geoffroy a fait pan! pan! avec son doigt comme revolver,
et Rufus s'est attrapé le ventre avec les deux mains, en disant:
«Tu m'as eu, Tom!» et il est tombé dans l'herbe.

Puisqu'on ne peut pas sauter, a dit Clotaire, on va faire des
courses.

– Si on avait de la ficelle, a dit Maixent, on pourrait faire des courses de haies.

Clotaire a dit que puisqu'on n'avait pas de ficelle on ferait un 100 mètres, de la palissade jusqu'à l'auto.

– Ça fait 100 mètres, ça? a demandé Eudes.

– Qu'est-ce que ça peut faire? a dit Clotaire. Le premier qui arrive à l'auto a gagné le 100 mètres, et tant pis pour les autres.

Mais Maixent a dit que ce ne serait pas comme les vraies courses de 100 mètres, parce que dans les vraies courses, au bout, il y a une ficelle, et le gagnant casse la ficelle avec la poitrine. Alors, Clotaire a dit à Maixent qu'il commençait à l'ennuyer avec sa ficelle; Maixent lui a répondu qu'on ne commence pas à organiser des réunions d'athlétisme quand on n'a pas de ficelle. Clotaire lui a répondu qu'il n'avait pas de ficelle mais qu'il avait une main et qu'il allait la mettre sur la figure de Maixent. Alors, Maixent lui a donné un coup de pied.

Quand ils ont fini de se battre, Clotaire était très fâché. Il a dit que nous n'y connaissions rien à l'athlétisme, et que nous étions tous minables. Puis, on a vu arriver Joachim en courant, tout content:

– Hé, les gars! Regardez! J'ai trouvé un bout de fil de fer!

Alors, Clotaire a dit que c'était très bien et qu'on allait
68 pouvoir continuer la réunion. Pour changer, on allait jeter le

marteau. Clotaire nous a expliqué que le marteau n'était pas un vrai marteau, mais un poids, attaché à une ficelle, qu'on faisait tourner très vite et qu'on lâchait. Celui qui lançait le marteau le plus loin était le champion. Clotaire a fait le marteau avec le bout de fil de fer et une pierre attachée au bout.

— Je commence, parce que c'est moi qui ai eu l'idée, a dit Clotaire. Vous allez voir ce jet!

Clotaire s'est mis à tourner sur lui-même beaucoup de fois avec le marteau, et puis il l'a lâché.

On a arrêté la réunion d'athlétisme et Clotaire a dit que c'était lui le champion. Mais les autres ont dit que non, que puisque Clotaire était le seul à jeter le marteau on ne pouvait pas savoir qui était le champion.

Mais moi je crois que Clotaire avait raison. Il était champion parce que c'était un jet incomparable, un jet qui allait du terrain vague jusqu'à la vitrine de l'épicerie de M. Compani!

Vocabulaire

le matelas   *mattress*
la roue   *wheel*
chouette (fam)   *super*
la réunion   *meeting*
l'athlétisme (m)   *athletics*
l'épreuve (f)   *event*
l'escabeau (m)   *steps, stand*
faire semblant   *to pretend*
être d'accord   *to agree*
le saut en hauteur   *high jump*
la ficelle   *string*
la ceinture   *belt*
le concours   *competition*
à l'endroit (m)   *right way up*
le coyote   *coyote, prairie wolf*
dégainer   *to draw (pull out one's gun)*
le ventre   *stomach*
la course de haies (f)   *hurdle race*
la palissade   *fence*
la poitrine   *chest*
n'y connaître rien à (fam)   *to know nothing at all about it*
le fil de fer   *barbed wire*
le marteau   *hammer*
le poids   *weight*
le jet   *throw*
incomparable   *matchless*
participer à   *to take part in*

Questions

1 Comment était le terrain vague?
2 A quoi servait l'auto sans roues?
3 Quelles étaient leurs quatre épreuves d'athlétisme?
4 Pourquoi l'idée de Geoffroy n'a-t-elle pas plu à Clotaire?
5 Citez deux autres épreuves d'athlétisme.
6 Pourquoi Alceste n'avait-il pas de ceinture?
7 Que faisait Rufus lorsqu'il s'est attrapé le ventre avec les deux mains?
8 Qu'est-ce que c'est qu'une épreuve de marteau?
9 Pourquoi a-t-on arrêté la réunion?
10 A quelle épreuve d'athlétisme aimeriez-vous le plus participer?

10 Rufus est malade

On était en classe, en train de faire un problème d'arithmétique très difficile, au sujet d'un fermier qui vendait beaucoup d'œufs et de pommes, quand Rufus a levé la main.

– Oui, Rufus? a dit la maîtresse.

– Je peux sortir, mademoiselle? a demandé Rufus; je suis malade.

La maîtresse a dit à Rufus de venir jusqu'à son bureau; elle l'a regardé, elle lui a mis la main sur le front et elle lui a dit:

– Mais c'est vrai que tu n'as pas l'air bien. Tu peux sortir; va à l'infirmerie et dis-leur de s'occuper de toi.

Rufus est parti tout content, sans finir son problème. Alors, Clotaire a levé la main et la maîtresse lui a donné à conjuguer le verbe: «Je ne dois pas faire semblant d'être malade, pour essayer d'avoir une excuse afin d'être dispensé de faire mon problème d'arithmétique.» A tous les temps et à tous les modes.

A la récréation, dans la cour, nous avons trouvé Rufus et nous sommes allés le voir.

– Tu es allé à l'infirmerie? ai-je demandé.

– Non, m'a répondu Rufus. Je me suis caché jusqu'à la récré.

– Et pourquoi n'es-tu pas allé à l'infirmerie? a demandé Eudes.

– Je ne suis pas fou, a dit Rufus. La dernière fois que je suis allé à l'infirmerie, ils m'ont mis de l'iode sur le genou et ça m'a piqué drôlement.

Alors, Geoffroy a demandé à Rufus s'il était vraiment malade, et Rufus lui a demandé s'il voulait une gifle. Puis, Clotaire a commencé à rire. Je ne me rappelle plus très bien ce que les copains ont dit et comment ça c'est passé, mais très vite, tout le monde se battait autour de Rufus. Celui-ci s'est assis pour mieux nous voir et il criait: «Vas-y! Vas-y! Vas-y!»

Bien sûr, comme d'habitude, Alceste et Agnan ne se battaient pas. Agnan, parce qu'il repassait ses leçons et parce qu'à cause de ses lunettes on ne peut pas lui taper dessus; et Alceste, parce qu'il avait deux tartines à finir avant la fin de la récréation.

Puis, M. Mouchabière est arrivé en courant. M. Mouchabière est un nouveau surveillant qui n'est pas très vieux et qui aide le Bouillon, qui est notre vrai surveillant, à nous surveiller.

– Eh bien, a dit M. Mouchabière, qu'est-ce qu'il y a encore, bande de petits sauvages? Je vais vous donner à tous une retenue!

– Pas à moi, a dit Rufus; moi, je suis malade.

– Oui, ça se voit, a dit Geoffroy.

– Tu veux une gifle? a demandé Rufus.

– Silence! a crié M. Mouchabière. Silence, ou je vous promets que vous serez tous malades!

Alors, on n'a plus rien dit et M. Mouchabière a demandé à Rufus de s'approcher.

– Qu'est-ce que vous avez? lui a demandé M. Mouchabière.

Rufus a répondu qu'il ne se sentait pas bien.

– Vous l'avez dit à vos parents? a demandé M. Mouchabière.

– Oui, a dit Rufus, je l'ai dit à ma maman ce matin.

– Et alors, a dit M. Mouchabière, pourquoi vous a-t-elle laissé venir à l'école, votre maman?

– Eh bien, a expliqué Rufus, je dis tous les matins à ma maman que je ne me sens pas bien. Alors, bien sûr, elle ne peut pas savoir. Mais cette fois-ci, ce n'est pas de la blague.

M. Mouchabière a regardé Rufus, il s'est gratté la tête et lui a dit qu'il devait aller à l'infirmerie.

– Non, a crié Rufus.

– Comment, non? a dit M. Mouchabière. Si vous êtes malade, vous devrez aller à l'infirmerie. Et quand je vous dis quelque chose, il faut m'obéir!

M. Mouchabière a pris Rufus par le bras, mais Rufus s'est mis à crier: «Non! non! je n'irai pas! je n'irai pas!» et il s'est roulé par terre en pleurant.

– Ne le battez pas, a dit Alceste, qui venait de finir ses tartines; vous ne voyez pas qu'il est malade?

M. Mouchabière a regardé Alceste avec de grands yeux.

— Mais je ne le …, a-t-il commencé à dire, et puis il est devenu tout rouge et il a crié à Alceste de se mêler de ce qui le regardait, et lui a donné une retenue.

– Ça, c'est la meilleure! a crié Alceste. Alors, moi je vais avoir une retenue parce que cet imbécile est malade?

— Tu veux une gifle? a demandé Rufus, qui
s'est arrêté de pleurer.

— Vas-y, a dit Geoffroy.

Puis, tout le monde s'est mis à crier ensemble et à discuter; Rufus s'est assis pour
nous regarder et le Bouillon est arrivé en
courant.

— Eh bien, M. Mouchabière, a dit le
Bouillon vous avez des ennuis?

— C'est à cause de Rufus qui est malade, a
dit Eudes.

— Je ne vous ai rien demandé,
a dit le Bouillon. Monsieur
Mouchabière, punissez cet élève,
je vous prie.

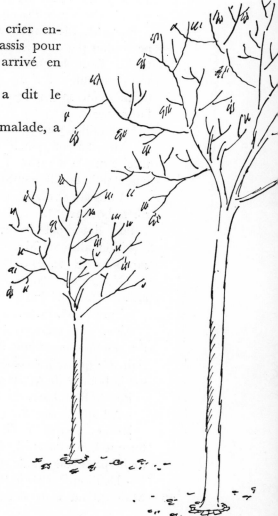

Alors, M. Mouchabière a donné une retenue à Eudes, ce qui a fait plaisir à Alceste, parce qu'en retenue c'est plus amusant quand on est avec des copains.

Puis, M. Mouchabière a expliqué au Bouillon que Rufus ne voulait pas aller à l'infirmerie et qu'Alceste était insupportable. Tout le monde était insupportable, insupportable, insupportable. Il a dit ça trois fois, M. Mouchabière; à la dernière fois sa voix ressemblait à celle de Maman quand je la fais enrager.

Le Bouillon s'est passé la main sur le menton et puis il a pris M. Mouchabière par le bras, il l'a emmené un peu plus loin, il lui a mis la main sur l'épaule et il lui a parlé longtemps tout bas. Puis le Bouillon et M. Mouchabière sont revenus vers nous.

— Vous allez voir, mon petit, a dit le Bouillon avec un sourire sur la bouche.

Puis, il a appelé Rufus.

— Vous allez me faire le plaisir de venir avec moi à l'infirmerie, sans faire de comédie. D'accord?

— Non! a crié Rufus. Il s'est roulé par terre en pleurant et en criant: «Jamais! Jamais! Jamais!»

— Faut pas le forcer, a dit Joachim.

Alors, ça a été terrible. Le Bouillon est devenu tout rouge, il a donné une retenue à Joachim et une autre à Maixent qui riait. Ce qui m'a étonné, c'est que le sourire maintenant était sur la bouche de M. Mouchabière.

Puis le Bouillon a dit à Rufus:

— A l'infirmerie! Tout de suite! Pas de discussion!

Rufus a vu que ce n'était plus le moment de s'amuser, et il a dit que bon, d'accord, il voulait bien y aller, mais à condition de ne pas avoir d'iode sur les genoux.

— De l'iode? a dit le Bouillon. On ne vous mettra pas d'iode.

Mais quand vous serez guéri, vous viendrez me voir. Nous

aurons un petit compte à régler. Maintenant, allez avec M. Mouchabière.

Nous sommes tous allés vers l'infirmerie, et le Bouillon s'est mis à crier:

– Pas tous! Rufus seulement! L'infirmerie n'est pas une cour de récréation! Et puis, votre camarade est peut-être contagieux!

Ça, ça nous a fait tous rire, sauf Agnan, qui a toujours peur d'être contagié par les autres.

Puis, après, le Bouillon a sonné la cloche et nous sommes allés en classe, pendant que M. Mouchabière raccompagnait Rufus chez lui. Il a de la chance, Rufus; on avait classe de grammaire.

Et pour la maladie, ce n'est pas grave du tout, heureusement.

Rufus et M. Mouchabière ont la rougeole.

au sujet de   *about*
s'occuper de   *to look after*
faire semblant de   *to pretend*
afin de   *in order to*
être dispensé de   *to be excused from*
le mode   *mood*
l'iode (m)   *iodine*
comme d'habitude   *as usual*
ce n'est pas de la blague   *it's no joke*
contagieux   *infectious*
contagier   *to infect*
se gratter   *to scratch*
se mêler de ce qui le regarde (fam)   *to mind his own business*
faire enrager quelqu'un   *to make someone furious*
le compte à régler   *matter to settle*
la rougeole   *measles*

Questions

1   Si vous vous sentez malade le matin, que faites-vous?
2   Pourquoi la mère de Rufus ne l'a-t-elle pas gardé à la maison?
3   Qu'est-ce qui se passe dans une infirmerie?
4   Rufus y est-il allé?
5   Qu'a dit Alceste pour ennuyer M. Mouchabière?
6   Comment Joachin a-t-il fait enrager le Bouillon?
7   Quand avez-vous eu la rougeole?
8   Pendant combien de jours est-on contagieux?
9   Qu'est-ce que vous aimez faire lorsque vous êtes malade?
10   Pourquoi Agnan n'a-t-il pas voulu accompagner les copains à l'infirmerie?

11 La roulette

Geoffroy, qui a un papa très riche qui lui achète tout ce qu'il veut, apporte tout le temps des choses formidables à l'école.

Aujourd'hui il est venu avec une roulette dans son cartable, et il nous l'a montrée à la récré. Une roulette est une petite roue avec des numéros peints dessus et où il y a une bille blanche.

– On fait tourner la roue, nous a expliqué Geoffroy, et quand elle s'arrête, la bille se met en face d'un des numéros; et si on a parié que c'est en face de ce numéro qu'elle allait s'arrêter, bing! on a gagné.

– Ça serait trop facile, a dit Rufus. Il y a sûrement un truc.

– Moi, j'ai vu comment on y joue dans un film de cowboys, nous a dit Maixent. Mais la roulette était truquée, alors le jeune homme sortait son revolver, il tuait tous ses ennemis, il sautait par la fenêtre pour monter sur son cheval et il partait au galop, tacatac, tacatac, tacatac!

– Ah! je savais bien qu'il y avait un truc! a dit Rufus.

– Imbécile, a dit Geoffroy. La roulette du film de cet imbécile de Maixent était truquée; ma roulette à moi n'est pas truquée!

– Qui est un imbécile? ont demandé Rufus et Maixent.

– Moi, j'ai vu qu'on jouait à la roulette dans une pièce à la télé, a dit Clotaire. Il y avait une nappe sur la table avec des numéros, et les gens mettaient des fiches sur les numéros, et ils s'énervaient beaucoup quand ils les perdaient, leurs fiches.

79

– Oui, a dit Geoffroy, dans la boîte où il y avait ma roulette, il y avait aussi une nappe verte avec des numéros et beaucoup de fiches. Ma mère m'a dit que je ne pouvais pas les amener à l'école. Mais ça ne fait rien, on pourra jouer quand même.

Puis, Geoffroy nous a dit de parier sur des numéros. Lui, il ferait tourner la roulette et le numéro qui sortirait, gagnerait.

– Et avec quoi va-t-on jouer, ai-je demandé, puisqu'on n'a pas de fiches ?

– Eh bien, a dit Geoffroy, nous avons tous des sous. Alors, on va jouer avec les sous, tant pis ; on fera comme si c'était des fiches. Celui qui gagne prend tous les sous des copains.

– Moi, a dit Alceste, qui mangeait sa deuxième tartine de la récré, mes sous, j'en ai besoin pour acheter un petit pain au chocolat, à la sortie.

– Justement, a dit Joachim, si tu gagnes les sous des copains, tu pourras acheter beaucoup de petits pains au chocolat.

– Ah ! oui ? a dit Eudes. Alors, parce que le gros a choisi par hasard un numéro, il va se payer de petits pains au chocolat avec mes fiches ? Jamais de la vie !

Alors Alceste, qui n'aime pas qu'on l'appelle le gros, s'est fâché. Il a dit qu'il allait gagner tout l'argent d'Eudes et qu'il mangerait les petits pains devant lui, qu'il ne lui en donnerait pas et que ça lui ferait grand plaisir.

– Bon, a dit Geoffroy, ceux qui ne veulent pas jouer, ils ne jouent pas, et puis voilà ! On ne va pas passer la récré à discuter ! Choisissez vos numéros !

Nous nous sommes tous accroupis autour de la roulette, nous avons mis nos sous par terre et nous avons choisi nos numéros. Moi, j'ai pris le 12, Alceste le 6, Clotaire le 0, Joachim le 20, Maixent le 5, Eudes le 25, Geoffroy le 36. Rufus n'a rien voulu prendre parce qu'il a dit qu'il n'allait pas perdre ses sous à cause d'une roulette truquée.

– Oh là là! oh là là! Qu'il m'énerve, celui-là! a crié Geoffroy.
Puisque je te dis qu'elle n'est pas truquée!

– Prouve-le, a dit Rufus.

– Allez, quoi! a crié Alceste. On y va?

Geoffroy a fait tourner la roulette et la petite bille blanche
s'est arrêtée devant le numéro 24.

– Comment, le 24? a dit Alceste, qui est devenu tout rouge.

– Ah! Vous voyez qu'elle est truquée, a dit Rufus. Personne
ne gagne!

– Si monsieur, a dit Eudes. Moi, je gagne! J'avais le numéro
25, et le 25 est le plus près du 24.

– Mais où est-ce que tu as joué à la roulette, toi? a crié
Geoffroy. Tu as joué le 25 et si le 25 ne sort pas, tu as perdu
et puis, c'est tout! J'ai bien l'honneur de vous saluer.

– Geoffroy a raison, a dit Alceste. Personne ne gagne et on
recommence.

– Minute, a dit Geoffroy, minute. Quand personne ne gagne,
c'est le patron de la roulette qui ramasse tout!

– A la télé, en tout cas, c'était comme ça, a dit Clotaire.

– Qui t'a demandé ton avis? a crié Alceste, on n'est pas à
la télé ici! Si c'est pour jouer comme ça, je reprendrai ma fiche
et puis, j'ai bien l'honneur de vous saluer.

– Tu n'as pas le droit, tu l'as perdue, a dit Geoffroy.

– Puisque c'est moi qui l'ai gagnée, a dit Eudes.

Alors, tout le monde s'est mis à discuter. Puis nous avons vu 83

que le Bouillon et M. Mouchabière, qui est un de nos surveillants, nous regardaient de l'autre bout de la cour; alors, nous nous sommes mis d'accord.

   – Allez, a dit Geoffroy, on recommence ...

   – Bon, a dit Rufus. Je prends le 24.

   – Je croyais que tu ne voulais pas jouer parce qu'elle était truquée, ma roulette? a demandé Geoffroy.

84   – Justement, a dit Rufus. Elle est truquée pour faire sortir

le 24, tiens! On l'a bien vu au dernier coup.

Geoffroy a regardé Rufus, il a mis un doigt sur son front et il a commencé à visser; avec son autre main il a fait tourner la roulette. Puis la bille s'est arrêtée devant le numéro 24. Geoffroy s'est arrêté de visser et il a ouvert des yeux tout ronds. Rufus, qui souriait, allait ramasser les sous, mais Eudes l'a poussé.

– Non monsieur, a dit Eudes, tu ne vas pas ramasser ces sous. Tu as triché.

– J'ai triché, moi? a crié Rufus. Mauvais joueur, voilà ce que tu es! J'ai joué le 24 et j'ai gagné!

– La roulette est truquée, c'est toi-même qui l'a dit, a crié Geoffroy. Elle ne doit pas s'arrêter deux fois de suite sur le même numéro.

Alors là, ça a été terrible, parce que tout le monde s'est battu avec tout le monde et le Bouillon est arrivé avec M. Mouchabière.

– Arrêtez! Silence! a crié le Bouillon. Ça faisait un moment que nous vous observions, M. Mouchabière et moi-même. Regardez-moi bien dans les yeux! Qu'est-ce que vous manigancez? Hmm?

– Nous jouions à la roulette et tout le monde triche, a dit Rufus; c'est moi qui ai gagné et …

– Non monsieur, tu n'as pas gagné, a crié Alceste. Et personne ne touchera à mes sous! J'ai bien l'honneur de vous saluer!

– Une roulette! a crié le Bouillon. Vous jouiez avec une roulette dans la cour de l'école! Et ça, par terre? … Mais ce sont des pièces de monnaie! Regardez, monsieur Mouchabière, ces petits malheureux jouaient pour de l'argent! Mais vos parents ne vous ont donc pas dit que le jeu est une abomination qui conduit à la ruine et à la prison? Vous ne savez donc pas que rien ne dégrade l'homme comme le jeu? Qu'une fois pris dans

85

les griffes de cette passion, vous êtes perdus? Monsieur Mouchabière, allez sonner la fin de la récréation; moi, je confisque cette roulette et cet argent. Et je vous donne à tous un avertissement.

A la sortie, nous sommes allés voir le Bouillon, comme chaque fois qu'il nous confisque quelque chose, pour lui demander de nous le rendre. Le Bouillon ne souriait pas et il nous a regardés avec des yeux en colère. Il a rendu la roulette à Geoffroy en lui disant:

— Je ne félicite pas vos parents pour le genre de cadeaux qu'ils vous font. Je ne veux plus vous revoir à l'école avec ce jeu ridicule et néfaste!

— Les sous, c'est M. Mouchabière qui nous les a rendus en souriant.

Vocabulaire

le cartable   *school satchel*
parier   *to bet*
truquer   *to fake*
la pièce   *play*
la nappe   *cloth*
la fiche   *counter*
s'énerver   *to become irritated*
le sou   *old coin (which used to be worth 5 centimes)*
jamais de la vie!   *never!*
faire plaisir à   *to please*
s'accroupir   *to crouch down*
sortir   *(here) to come up*
j'ai bien l'honneur de vous saluer   *I am yours very truly*
l'avis (m)   *opinion*
visser   *to screw*
manigancer (fam)   *to plot*
la griffe   *claw*
l'avertissement (m)   *warning*
la colère   *anger*
le genre   *sort*
néfaste   *evil*
le jeu de hasard   *game of chance*

Questions

1   Quel âge faut-il avoir pour pouvoir jouer à la roulette dans un casino?
2   Citez deux autres jeux de hasard.
3   Où étaient les fiches?
4   Comment joue-t-on à la roulette?
5   Pourquoi Alceste ne voulait-il pas jouer?
6   Qu'est-ce qui l'a décidé à jouer?
7   Pourquoi Rufus a-t-il refusé d'abord de jouer?
8   Pourquoi a-t-il changé d'avis?
9   Le Bouillon aimait-il la roulette?
10   Pourquoi les copains ont-ils cessé de jouer?